Albert Socin

Die Gedichte des Alkama Alfahl

Albert Socin

Die Gedichte des Alkama Alfahl

ISBN/EAN: 9783743389182

Hergestellt in Europa, USA, Kanada, Australien, Japan

Cover: Foto ©ninafisch / pixelio.de

Manufactured and distributed by brebook publishing software
(www.brebook.com)

Albert Socin

Die Gedichte des Alkama Alfahl

DIE GEDICHTE DES ʿALḲAMA ALFAḤL.

MIT ANMERKUNGEN HERAUSGEGEBEN

VON

ALBERT SOCIN,
DR. PHIL.

LEIPZIG,
F. C. W. VOGEL.
1867.

Druck von F. L. Metzger in Leipzig.

Vorwort.

Wenn nicht für die Bearbeitung der Gedichte des ʿAlḳama, des kleinsten aus dem Diwan der sogenannten sechs alten Dichter ein verhältnissmässig umfangreicher Stoff sich zusammengefunden hätte, so hätte ein junger Arabist es wohl kaum wagen dürfen, sich daran zu versuchen.

Durch Vermittlung des schweizerischen Geschäftsträgers in Wien, Herrn von Tschudi, erhielt ich von der Munificenz einer hohen Verwaltung der K. K. Hofbibliothek daselbst auf geraume Zeit zwei werthvolle Handschriften zur Benützung nach Leipzig geschickt. Die erste mit V bezeichnete, ist beschrieben von Flügel, Catalog der Wiener Handschriften n 446 und enthält die Hälfte des von Ḥâǵî Chalîfa*) angeführten Werkes: die Recension und den Commentar zu Imruulḳais, Nâbiġa addubjânî und ʿAlḳama alfaḥl von Abû Bakr Ṣâḥib almaẓâlim ibn Ajjûb in Badajoz geboren (er nennt sich Wezir); doch war an eine vollständige Herausgabe des Commentars theils wegen der Fehlerhaftigkeit der einen Handschrift, theils wegen der Ausführlichkeit, und, wo Abû Bakr eigene Gedanken giebt, häufig etwas krassen Worterklärung sowohl, als verschrobenen grammaticalischen Ansichten, kaum zu denken. Auch ist der Commentar nicht so sehr alt; denn die Angabe des Todesjahres des Verfassers bei Flügel, Ḥâǵî Chalîfa ebd;

*) Ausg. von Flügel IV, S. 38.

die grammatischen Schulen der Araber*) und Hammers**) wird durch den Commentar selbst wiederlegt: Wenn Abû Bakr wirklich im Jahre 809 n. Chr. gestorben wäre, könnte er nicht den Grammatiker Almubarrad nach Flügel, S. 92. geb. 826 und den Ibn Assirâfî, welcher doch wohl der von Flügel S. 242 genannte Grammatiker ist, geb. 941, anführen. Wer der von Abû Bakr so oft citierte Alḳutabî ist, habe ich nirgends gefunden.

Aus dem ebenfalls von Wien erhaltenen Cod. 1159 im Flügelschen Catalog,***) den Ṭabaḳât asschuʻarâ von Ibn Ḳuteiba (H) wurde ein kleiner Artikel (fol. 28) benutzt und mit dem Abschnitt aus dem Kitâb rauḍat aladab fî ṭabaḳât schuʻarâ ilʻarab von Iskender Aga Abkarius, gedr. in Beyrut 1858 S. 227—231 verglichen (I).

Aus Gotha erhielt ich durch die rühmenswerthe Liberalität besonders des Herrn Dr. Pertzsch, die vortreffliche Handschrift N° 547, den Codex der sechs alten Dichter, nach Leipzig gelichen (G) dessen Glossen mit den Comm. Abû Bakrs häufig eine gewisse Aehnlichkeit zeigen; besonders die kurzen Einleitungen zu einzelnen Gedichten möchten die Recension des Grammatikers Al'asmaʻi, von dem auch der Text der 3 ersten Gedichte in G herrührt, zur gemeinschaftlichen Quelle haben. Die kleineren Stücke hat G nach Abû ʻAlî Ismâîl ibn Alḳâsim von Bagdad nach dessen Lehrern Aṭṭûsî, Ibn Alaʻrâbî und andern.

Den Artikel über ʻAlḳama schrieb ich selbst aus dem dortigen kleinen Kitâb ulagâni ab, (Cod. 532 fol 463^{v}, K), eine Abschrift davon aus den Münchner Handschriften 184^{d} 471, A; 184 , 487 B; 184°, 481, C; 184^{r}, 484, D; 184^{s}, 485, E; sowie eine Collation aus

---

*) S. 185. **) Literaturgeschichte II, 408. ***) vgl. Nöldeke Beiträge zur Poësie der Araber S. 1. ff.

dem Sprengerschen Codex 1180, fol 15ᵛ, F in Berlin haben zwei gelehrte Freunde mir zur Verfügung gestellt.

Der Ṣaḥâḥ des Ǵauhari konnte in den Gothaer Handschriften 471—478, 480, bei einem Freunde in Leipzig benutzt werden.

Eine Collation der Ḳaṣiden 1 und 2 verstattete mir gütigst Herr Prof. Gosche in Halle aus einer Abschrift der Mufaḍḍaliât, Handschrift des britischen Museums MDLXVI.

Für diese reichliche Unterstützung sage ich hiemit sowohl den Hohen Bibliotheksverwaltungen als Privaten meinen lebhaftesten Dank. Die Schwierigkeit, aus diesem Material eine geeignete Auswahl zu treffen, war keine geringe; doch auch dabei durfte ich mich manches guten Rathes, besonders von Seiten meines hochverehrten und stets hilfreichen Lehrers, Herrn Professor **Fleischer**, erfreuen.

Einiges über das Leben ʿAlḳama's.

ʿAlḳama ben ʿAbada aus dem Stamme Tamim*), ein Dichter der arabischen Heidenzeit**), lebte in der zweiten Hälfte des sechsten Jahrhunderts n. Chr.; Iskender Aga lässt ihn 561 n. Chr. sterben, wie er überhaupt für die alten Dichter frühe Zeiten herausfindet. Sein Name und sein berühmtestes Gedicht I knüpft sich hauptsächlich an eine Schlacht, welche in jener Zeit die Lachmiten und Ǵassâniden einander lieferten. Wenn Ibn Alʾaṯîr Bd. I S. ٢٩٨ ff. dieses Treffen bei der Wiese von

*) genealogische Tabellen der arabischen Stämme her. von Wüstenfeld K 17, 6—17.
**) Hammer Literaturgeschichte I, 404.

Ḥalîma eng mit dem Treffen bei der Quelle von 'Ubâǵ verbindet, zwischen welchen Caussin de Perceval, essai sur l'histoire des Arabes avant l'Islamisme Bd. II, S. 115 und 133, eine Zwischenzeit von 21 Jahren, 562—583, herausfindet, so scheint er mir bei der allgemeinen Unsicherheit der Umstände sehr klug zu handeln; die meisten Autoren beziehen jene Schlacht, nach welcher 'Alḳama die von dem König von Ǵassân gefangen genommenen Tamîmiten, besonders seinen Bruder, nach andern Neffen, Schas durch sein Gedicht befreite, auf das Treffen von 'Ubâg.*) Auch nennen viele Autoren als Gegner des siegreichen Gassânidenfürsten Ḥâriṯ ben Abî Schamir al'áraǵ alakbar den König von Ḥîra Almunḏir IV ben Almunḏir**), andere nennen als Gegner Almunḏir III ibn Mâ assamâ, den Vater Almunḏirs IV.***) Einige nennen mit Caussin de Perceval II, 133, und 142 als Führer der Ǵassâniden Ḥâriṯ ibn abî Schamir al'asǵar, der freilich wegen der Namensgleichheit mit jenem verwechselt wird. Alles abgewogen, halte ich entweder den Namen „Tag von Ḥalîma“ für einen Beinamen des von Ḥâriṯ al'áraǵ alakbar (wegen des ihm von 'Alḳama I, 15 gegebenen Namens alwahhâb) gegen Almunḏir IV gewonnenen Treffens von 'Ubâg, wie auch Nâbiga in einem Verse bei Jâḳût unter اباغ Ḥalîma daneben nennt†; oder die Schlacht von 'Ubâg ist, wie ein unbefangener Leser des Ibn Al'aṯîr vermuthet, kurz nach der von Ḥalîma geschlagen.

---

*) Ibn Al'aṯîr I, ٣٠٣; historiae praecipuorum Arabum regnorum ante Islamismum ed. J. Rasmussen S. 12, vgl. Eichhorn monum. antiquis. hist. Arabum S. 165 ff.
) Meidâni von Freytag I, S. 693; Sacy mémoire de littérature de l'académie royale des inscriptions et belles lettres L p. 409. *) Kâmil I, S. ١١٠; Abulfeda, hist. anteislamica S. 144; Comm. zur Ḥamâsa S. ٣٠٢, Z. 13 (?); Comm. V zu Nâbiga III, 29.
†) Findet sich nicht im Diwan.

Wenn auf der andern Seite die Stücke VI und VII, welche sehr gut zu der zweiten Schlacht bei Kulâb passen, wirklich von ʿAlḳama herrühren, so finden wir uns, um die Lebenszeit des Dichters zu bestimmen, zwischen dem muthmasslichen Jahr des Treffens von 'Ubâg, wobei ʿAlḳama aber schon etwas bejahrt war (I, 1), und der Jahreszahl des Treffens von Kulâb, nach Caussin II S. 579: 612 eingeengt;*) somit werden wir auf die Zeit der Jahre 560—620 verwiesen; mit jenen Dichtern, mit welchen ihn das Kitâb ulagâni sich einem Schiedsgericht unterwerfen lässt, kann er also möglicherweise zusammengekommen sein. Den so häufig erwähnten Wettstreit ʿAlḳama's mit Imruulḳais aber**) möchte ich eher für die Erzählung eines Späteren halten, der jene dritte, innerlich unzusammenhängende, Ḳaṣîde dem ächten Gedichte des Imruulḳais nachbildete, wie ja die ganze Ḳaṣîde vielmehr zu den übrigen Stücken des Letzteren passt.***) Der Beiname alfaḥl erklärt sich auch sonst leicht als „Kriegs- und Dichterheld“; auch die Angabe Ǵauhari's (unter علقم) und des Cod V fol 146, derselbe habe ihn von einem Stammgenossen ʿAlḳama alchaṣî unterschieden, brauchen wir nur als eine möglicherweise richtige anzusehen, bevor wir von jener Persönlichkeit etwas Genaueres erfahren.

*) Vgl. Ibn Al'aṯîr I, ٢٦٢ ff; histor. praecip. Arab. regnorum S. 118. **) Slane Diwan d'Amr'olkais S. 80, Caussin II, 314. Rückert Amrulkais der Dichter und König S. 32 etc. ***) Diwan S. ٢٣ ff.

Berichtigungen.

Auf dem ersten Halbbogen sind die Vocalzeichen einiger لا verkehrt gekommen.

S.	٢		v.	٣٠	l.	خَشْخَشْتَ
S.	٦		v.	١٣	l.	إِلَّا
S.	١٦	IV	v.	١	l.	كان
		V	v.	٣	l.	لُؤْلُؤٍ
S.	١٣	VI	v.	٢	l.	تُنوذِرَ
S.	١٨		v.	٧b	l.	مزكوم

Uebersetzung.

I.

1. Fort riss dich ein Herz in unruhiger Erregung über die Schönen, da doch die Jugend schon etwas entfernt, und die Zeit gekommen ist, wo graues Haar entstand.

2. Mir macht Laila Sorge, da nun ihr nah zu sein, fern gerückt ist; denn feindlich traten zwischen uns trennende Geschäfte und Angelegenheiten.

3. Sie, eine mit allem Angenehmen begabte — doch mit der zu reden nicht möglich ist, da ein Wächter, den Besuch verhindernd, an ihrer Thüre steht.

4. Wenn fern von ihr ist ihr Herr, verräth sie keinem sein Geheimniss, und bereitet ihrem Herrn eine zufriedene Heimkehr, wenn er heimkehrt.

5. So stelle mich o Laila! nicht einem (in der Liebe) Unerfahrenen gleich, — dich aber mögen tränken die Güsse der weissen Regenwolken, wo sie sich ergiessen!

6. Es tränke dich eine von Jemen kommende aufgethürmte breite (Regenwolke), welche ein Südwind heranführt bei der Neige des Abends,

7. Doch was ist dir? oder was soll diese Erinnerung an sie, eine vom Stamm Rebîâ, der ja ein Brunnen von Ṭarmadâ gegraben wird?

8. Wenn ihr mich denn um die Weiber befragt, so seht nur, ich bin ein Arzt voll Einsicht in die Weiberkrankheiten:

9. Wenn grau ist das Haupt des Mannes, oder gering seine Habe, dann hat er an ihrer Liebe keinen Antheil!

10. Dem Ueberfluss der Habe streben sie nach, wo sie wissen, dass die zu finden ist, und die Blüthe der Jugend erregt ihr bewunderndes Gefallen.

11. So lass sie denn, und befreie dein Herz von ihr vermittelst einer kräftigen (Kameelinn), wie du sie dir nur wünschen kannst, einer trabenden, indem sie den Hintermann trägt,

12. und einer schnellen, deren an den Rippen sitzendes Fleisch und deren Schultern (Umdreher) Mittagsreise und stetes Treiben hat schwinden machen;

13. Und Morgens nach zurückgelegtem weitem Nachtmarsch gleicht sie einer gestreiften (Wildkuh), die den Jäger fürchtet, einer bejahrten.

14. Versteckt hatten sich unter ihrem Arṭâbaum Männer — da gewann sie einen Vorsprung vor ihren Pfeilen — und Hunde.

15. Zu Ḥâriṯ, dem freigebigen trieb ich an meine Kameelinn, so dass ihre Brust und die Hinterrippen Zittern befiel (wegen der Eile),

16. damit sie mich brächte zu der Wohnung eines Mannes, der fern war, — so hat mich nun Ḳarûb deiner Grossmuth nahe gebracht.

17. Zu dir, — möge dir fern bleiben der Fluch — gieng ihr schneller Lauf auf zweifelhaften Wegen mit fürchterlichen Schrecknissen.

18. Stets sucht sie einzuholen (verfolgt sie) die Schattenbilder der Abendschatten, auf Wegen wie (langhingezogene) Fäden.

19. Zu dir leiteten mich (am Himmel) die beiden Sternbilder der Kälber und (auf der Erde) eine breite Strasse, die auf den Hügelrücken Spuren trägt.

20. Auf ihnen (den Hügeln) liegen die Leichen der vor Ermüdung gefallenen, mit weissen Knochen aber harter Haut.

21. Da liess ich sie (die Kameelinn) zur Tränke an ein Wasser treten, dessen Ansammelung vor Fäule wie Ḥinnâ und Sesamaufguss zugleich aussah.

22. Herum getrieben wird sie um die Pfütze der Brunnen; doch wenn sie Ekel hat, so ist die zweite Tränkezeit ein Satteln und ein Ritt.

23. Und du bist ein Mann, bei dem meine Sicherheit (Wohlfahrt) ihr Ziel erreicht hat, während vor dir manche Herren über mich geboten, so dass ich (fast) zu Grunde gieng.

24. Nun befreiten die Banû Kâb ben 'Auf ihre Sklaven (von dir Gefangenen), doch blieb unter einigen Bewaffneten ein Sklave zurück.

25. Aber bei Gott, wenn nicht der gewesen wäre, der den Ǵaun ritt, hätten sie (unsre Gegner in der Schlacht) voll Schande Kehrt gemacht, da das Umkehren doch (dem Herzen) angenehm ist.

26. Du triebst ihn kühn vorwärts, so dass seine weissen Flecke (an den Füssen im Blute) unsichtbar wurden, indem du auf die Helme der Gepanzerten dreinschlugst.

27. Angethan mit doppeltem Eisenharnisch, an dem die zwei edelsten (besten) Schwerter Michdam und Rasûb waren.

28. Da kämpftest du mit ihnen, bis sie zur Rettung ihren Anführer sich zum Schutze dir entgegenstellten, da schon die Sonne sich zum Untergang neigte.

29. Und auf Ǵassâns Seite kämpften seine Vaterlandsvertheidiger, und Hinb und Fâs stritten, und Schabîb.

30. Es klirrten an ihnen die Eisenpanzer, wie der Südwind klingen macht die dürre Saatfrucht.

31. Du setztest ein Leben aufs Spiel, wie keines leicht eingesetzt wird, freigebig damit schaltend am Tage des Zusammenstosses.

42. Als ob die Männer von 'Aus und was zusammengebracht hatten Ǵull und 'Atîb unter seine (des Rosses) Brust gerathend, solche wären, über

33. welchen das Himmelskameelsjunge brüllte, so glitt aus mit seiner Rüstung der (der Waffen) Beraubte und der nicht Beraubte.

34. Als ob sich über ihnen eine Wolke ergossen hätte, vor deren Blitze die Vögel ängstlich am Boden flattern.

35. Da rettete sich nur ein langes (Pferd) mit seinen Zügeln und ein springendes, einem Rohr (an Schlankheit) ähnliches, ein edles,

36. und ein Tapferer, die Ehre Vertheidigender, wie gefärbt mit dem, was (Blut, das) herab troff von der Schneide der Schwerter.

37. Und du bist ein Mann, dessen Handlungen an seinen Feinden zu sehen sind; von der Tapferkeit und der Wohlthätigkeit derselben tragen sie Wunden (derselben = der Handlungen).

38. Und an jedem Stamm hast du nun gnädig gehandelt, so möge auch dem Schas ein voller Eimer (deiner Güte) als Gebühr zuerkannt werden.

39. Denn keinesgleichen hat er unter den Menschen, ausser dass sein Stamm ihn aufwiegt, und nichts gemeines kommt diesem nahe.

40. So schliesse mich nicht aus vom beschenkt werden, der ich von ferne komme, denn ich bin ein fremder Mann unter den Zelten (und habe als Fremder desto mehr Anrecht auf deine Wohlthätigkeit).

II.

1. Ist, was du in Erfahrung gebracht, und was dir anvertraut worden (noch bei ihr) verborgen, oder ist das Band ihrer Liebe, da sie sich heute von dir entfernte, abgerissen?

2. Oder weint denn ein Bejahrter, ohne seine Thränen bemeistern zu können hinter den Geliebten drein, wenn er am Tage der Trennung (übel) belohnt ist?

3. Ich habe nichts gewusst von der Trennung bis weiter zu wandern fest vorhatten alle Kameele, kurz vor dem Morgengrauen aufgezäumt.

4. Es trieben zurück (von den Weideplätzen zum Lager) die Mägde die Kameele des Stammes, darauf liessen sie sich belasten, so dass sie alle mit Sänften angegürtet waren,

5. mit bunten Zeuglappen, denen fortwährend die Vögel nachfliegen, als ob sie von dem Blute der Eingeweide roth wären.

6. Sie (die Kameele) trugen eine Citrone (als Name einer Frau), an der das Aroma des Crocus so stark haftete, als ob ihr Wohlgeruch ein Duft in der Nase (selbst) wäre.

7. Als ob ein Aroma von Moschus auf ihrem Scheitel (bestimmt?) wäre für einen, der darnach langt und die Hand ausstreckt, selbst wenn er von Schnupfen befallen ist.

8. Da war das Auge von mir, als ob es wäre ein dicker Schlauch, mit dem hinabsteigt eine dunkelbraune (Kameelinn), an deren Schulterblatt das Wassergeräth angebunden ist;

9. die leer gelassen worden ist (von einem Sattel) eine Zeit lang, bis sich aufthürmte von ihr ein Höcker, angeschwellt wie die Seite des Schmiedeblasebalgs.

10. Als ob das schäumende Waschwasser einer Althaeapflanze an ihrem Maule wäre, ist an ihren Wangen und an ihren Backenknochen ausgeworfener Schaum.

11. Es ist von ihr weggegangen die Krätze, welche sie ganz befallen hatte, von dem reinen lautern Pech aber ist Fettwerden gekommen.

12. Sie bringt den Wasserkanälen (der Gärten) deren Blätter (vor Trockenheit) schon abgefallen sind, Wasser, so dass ihre (der Rinnen) abschüssige Stellen von dem (neu) Herankommen des Wassers überfluthet werden. —

13. Von der Erinnerung an Selmâ, und was ist meine Erinnerung an sie, als die Thorheit, und das Denken an die Abwesenheit (dass sie nun fern ist) ein Hin- und Herwerfen (der Zweifel),

14. die mager ist an den beiden Brustbeinen, aber (sonst) ausfüllend das Gewand, eine zarte, als ob sie wäre eine kleine Gazelle eine in dem Haus beständig verweilende. —

15. Wird mich einholen machen den Nachtrab der Leute, da sie nun fern sind, eine feste (Kameelinn) wie der Stein der geringen Wassermenge, eine fleischige,

16. die verstohlen mit schielendem Blicke auf die Peitsche schaut, indem sie stille ist wie einer mit eingefallenem Bauche, ein gestreifter.

(17. Mit einer solchen wird die Wüste (ohne Gefahr) aufs Gerathewohl durchmessen, wann die Eulen in deren Dunkelheit schreien.)

18. Als ob sie wäre ein grüner (Strauss) mit kahlen (federlosen) Beinen, für den auf dem magern Sandboden Colocynth und Tannûm zeitigen,

19. der fortwährend an den dunkelstreifigen Colocynthen (Kerne) ausschält, und das was vôn dem Tannûmstrauch hervorragt, (von Blättern etc.) wird (von ihm) abgeschnitten (abgebissen).

20. Sein Maul ist wie der Spalt des Steckens, den du kaum wahr nimmst (so wenig klafft er); (das Glied) was die Töne vernimmt ist (an ihm gleichsam) verstümmelt, abgeschnitten.

21. Bis er sich an Eier erinnert, und ihn antreibt ein Tag mit feinem Regen, an dem der Wind herrscht, ein bewölkter.

22. Nicht ist sein Zunehmen (in der Schnelligkeit des Laufens) abgebrochen (aufhörend), und nicht wird das Galoppieren, etwas weniger schnell als das Rennen, von ihm aus Abneigung vermieden.

23. Seine Klaue (d. h. sein Laufen) spaltet beinahe sein Schwarzes im Auge, als ob er wäre ein sich fürchtender, vor dem Durchbohrtwerden in Schrecken gesetzter.

24. Er sucht ein Nachtlager bei Jungen mit federlosen Oberflügeln, die wie Baumwurzeln aussehen, wann sie sich niederducken.

25. Ein Läufer, dessen Brust ist wie die Stäbe der Saiten, als ob er wäre eine lange (starke Kameelinn) in den Thalgründen der Gärten.

26. Bis er antrifft zur Zeit, da schon das Horn der Sonne sich erhebt, das Nest zweier Gatten, worin die Eier aufgehäuft sind.

27. Er redet sie an mit Geschnatter und Geplapper, wie die Griechen kauderwelschen in ihren Palästen.

28. Ein dünnhalsiger, der ist, als ob seine beiden Flügel und seine Brust ein Zelt (von Haaren) wäre, um das ein heftiger Wind herum weht, ein zusammenfallendes.

29. Es kreist um ihn ein Junges, langhalsiges, mit gesenktem Kopfe, indem es ihm mit einem Geschnatter antwortet, worin (angenehmes) Näseln ist.

30. Aber auch wenn die Leute eines Stammes mächtig und zahlreich sind, so werden seine Angesehensten mit den Steinen des Unglücks beworfen.

31. Und die Freigebigkeit vertreibt den Reichthum und richtet ihn zu Grunde, der Geiz aber erhält ihn seinen Leuten, doch ist er schimpflich.

32. während (doch) der Reichthum die Wolle von Lämmern ist, an der man sich ergötzt; an ihren (der Wolle) Schafen ist ein Theil (der Wolle) noch unversehrt, ein anderer abgeschoren.

33. Und der Ruhm wird nicht erkauft, ohne dass er einen Kaufpreis habe von dem, woran die Gemüther hängen, einen bestimmten.

34. Die Thorheit trifft man leicht an, ohne sie zu suchen, während die reife Klugheit zu Zeiten unter den Menschen vermisst wird.

35. Und der, welchem (vom Schicksal) Beute bestimmt ist, wird am Tage (der Vertheilung) der Beute damit versehen, wohin auch immer er sich wende, während der, dem nichts bestimmt ist, leer ausgeht.

36. Und wer den Raben begegnet, die er aufscheucht, wird trotz seiner Wohlfahrt unzweifelhaft vom Unglück befallen.

37. Und jede Burg, auch wenn lange dauert ihr Bestehen, wird über ihre Fundamente ohne Zweifel einstürzen.

38. Ich nahm wohl auch Theil an Trinkgesellschaften, bei denen eine lustig tönende Cither war, während die Leute zu Boden streckte ein weissgelber Ausstichwein,

39. ein Becher trefflichen dunkelfarbigen Traubenweines, den für einige seiner besten Trinker haben alt werden lassen Weinhändler;

40. der den Kopfschmerz heilt, und dessen Stärke (eig. Starkes) dir keinen Schaden thut, und dem sich nicht zugesellt im Kopfe ein Taumeln;

41. einer von 'Âna, ein schnell berauschender, den man ein Jahr lang nicht angesehen hat, indem ihn umhüllte ein mit Siegelerde wohlverschlossenes Fass.

42. Er begann zu perlen in dem Gefäss, da ihn umgoss der Sohn eines Fremden, indem er umwickelt war mit dem Baumwollenlappen;

43. als ob ihre (dieser Leute) Schenkkanne eine Gazelle auf einer Anhöhe wäre, mit einem Seiher versehen, mit einem (dünnen) Baumwollengewebe überzogen,

44. eine weisse (Kanne), welche ihr Hüter (der Weinverkäufer) ans Tageslicht brachte, rings umkränzt mit den Zweigen der wohlriechenden Blumen, eine angenehm duftende.

45. Und ich habe mich auch schon zeitig aufgemacht, meinem Gegner entgegenzutreten, indem mir Muth gab ein scharf schneidendes, zuverlässiges, mit dem Zeichen des Glücks versehenes (Schwert).

46. Und ich bin auch schon oben auf den Sattelhölzern gewesen, während mir ein Tag mit Gluthwind, den der Orion heranführte, heiss machte,

47. ein brennender, als ob die Gluth des Feuers sich ganz über ihn erstreckte, trotz der Kleider, und trotz dem dass der Kopf des Mannes mit einer Binde umwunden war.

48. Und ich leitete wohl auch an der Spitze der Leute eine kräftige (Pferdstute), der eine (lange) im Stamme wohlbekannte Abstammung vorausgeht.

49. Nicht war an ihren Griffelbeinen und nicht ihren Fesseln ein Fehler, und auch ihre Hufe hat nicht verletzt eine Beschädigung.

50. Ein Dorn, wie die Ruthe des Nabâbaumes aus Nahd; der unter das Futter gemischt wurde ein wiedergekäuter von den Dattelkernen von Ḳurrân, ein (schon einmal) angebissener.

51. Sie folgt schwarzen (Kameelen); wann sie angetrieben werden, schreit sie, als ob ein Tamburin auf einer Anhöhe geschlagen würde.

52. Voran geht ihnen ein braunwangiges, erprobtes von den Kameelen, ein fleischiges, fettes.

53. Wann auf ihren Seiten Frühlingskameele blöken, so geben lange, hochhöckrige ihrer Seits Laut.

54. Und wohl leistete ich auch Gesellschaft edeln jungen Männern, deren Speise grünlich gewordener Proviant und Fleisch war, das übeln Geruch verbreitete.

55. Und ich habe auch schon das Glücksspiel mitgemacht, wann der Hunger es zu unternehmen trieb; ein mit einer Sehne gebundenes von den Loospfeilen aus Nabâholz wurde mit der Kerbe bezeichnet.

56. Wenn sie spielten um Pferde, so spielte ich mit darum, da doch, so oft die Leute spielen, einer verliert.

III.

1. Du hast alle möglichen Wege eingeschlagen (von ihr) loszukommen, und Recht ist dieses ganze allmählige sich Abwenden nicht gewesen.

2. O Nächte, da nicht abgenutzt ward der Rath uns zu trennen (nicht die Rede davon war)! o Nächte da sie lagerten in Assitâr und dann in Ġurrab!

3. Eine ebenmässig gebildete, (die ist) als ob ihre (kleineren) Schmuckstücke an einer jungen ~~zahm~~ aufgezogenen Gazelle von Ṣâcha wären;

4. Goldzierathen wie die Mitteltheile der Heuschrecken und Perlen von Ḳala'î und mit Crocus (?) gemischtem Aroma.

5. Wenn die Angeber etwas woben um zwischen uns Unheil zu bringen, genügte die Festigkeit unserer Liebe, die nicht der Unwahrheit anzuklagen war.

6. Und was ist dir, oder was denkst du an sie, eine vom Stamm Rebîa, welche in Îr oder an den Enden von Schurbub wohnt?

7. Ich habe nachgegeben den Verläumdern und Angebern, mit ihr zu brechen; aber es waren schon zerrieben ihre Bande (die Bande ihrer Liebe) zum abreissen.

8. Doch hatte sie dir schon ein Versprechen gegeben, o hätte sie es gehalten! wie das Versprechen des 'Urkûb an seinen Bruder in Jaṯrib.

9. Und sie sagte: Wenn man dir gegenüber geizt und Vorwände sucht, so beklagst du dich, und wenn deine Liebessehnsucht gehoben (erfüllt) wird, betrachtest du es als gewohnte Sache.

10. Da sagte ich zu ihr: „Kehre zurück, denn es versetzen mich nicht in Unruhe die Inhaberinnen der Augen und der gefärbten Finger.“

11. Da kehrte sie zurück, wie von den dunkelfarbigen (Gazellen) zurückkehrt (d. h. sich wegwendet) eine mit einem Jungen, welche zu Bîscha in Arâk und Ḥullab weidet.

12. Wir verlebten mit ihr eine geraume Zeit von der Jugend; darauf hatten glücklichen Erfolg die Andeutungen (Angebereien) des betrogenen Zwischenträgers.

13. Aber du hast dich nicht entledigt des Liebesbedürfnisses eines Liebenden mit Hilfe von etwas wie Frühritt und bis spät dauernder Abendreise,

14. auf einer (Kameelinn) mit vollen Flanken, schlanken, raschen, nach deinem Wunsch schnellen, trotz der Last eilig laufenden.

15. So oft ich das Tamburin schlage oder einmal heftig vorwärts treibe, so passt sie auf, sich fürchtend vor mir mit keinem schlechten Aufpassen,

16. mit einem Auge, wie der Spiegel der geschäftigen (Frau), welchen sie dreht nach ihrem mit dem grossen Schleier umgebenen von dem Schleier freien Gesichtstheil.

17. Als ob an ihren (der Kameelinn) Hinterbeinen, so oft sie mit dem Schwanz links und rechts schlägt, Stengel von frisch gepflückten Sumeiḥadatteln wären.

18. Bald schlägt sie ihn hin und her, und bald dreht sie ihn zusammen, wie der Bringer einer frohen Botschaft das befranste Oberkleid hin und her schwenkt.

19. Auch machte ich mich wohl frühe auf, während die Vögel noch in ihren Nestern lagen, und zur Zeit, da der Thau in jeder Gartenrinne floss,

20. auf einem kurzhaarigen (Pferde), die wilden Thiere überholenden, dessen Gestalt die Verfolgung der Anführer (der Gazellenherden) mit jedem Lauf, dessen Ziel ein fernes war, verändert hat;

21. auf einem mit lockerer Brusthaut, dessen Gurt mit Amuleten behängt worden ist, auf das Anhauchen eines Besprechers hin, eines hauchenden, aus Furcht vor dem Auge (der Zauberei);

22. einem braunen, wie die Farbe des Purpur, den du ausbreitest um die mit Würfeln gestickten Kleider im Kleiderbehältniss zu verkaufen;

23. Ein strammes fest wie der Strick von Enderin, welches ziert trotz seines Alters eine volle nicht kurze Gestalt.

24. Es hat zwei Ohren, an denen man die Vorzüglichkeit erkennt, wie die beiden Ohren einer aufgescheuchten mitten in einer Schaar (von Wildkühen);

25. und einen Bauch, eine Kluft unter einem Rücken, der ist, als wäre er von dem glatten Fels die Rutschbank eines Spielplatzes.

26. Lenden, wie die grossen Knochen der Wirbel, welche aufsteigen zu einem Widerrist, wie die grosse Sänfte;

27. und dicke (Beine), deren Sehnen wie die Hälse der Hyänen sind, mit unversehrten Griffelbeinen, mit denen es gelangt zu jedem hohen Ort,

28. und braune (Hufe), welche die hervorragenden Steine spalten, als ob sie die Steine eines Teiches wären, übermoost mit Entenflott.

29. So oft wir auf die Jagd zogen, legten wir uns nicht in den Hinterhalt, uns damit zu verbergen, sondern wir riefen (laut) gegenseitig von weitem: Auf, reite

30. ein zuverlässiges (Pferd), von dessen Gestalt der Stamm nicht übel redet, ein ausdauerndes gegenüber von Leiden, ein nicht zu schmähendes.

31. Wann man den Proviant aufgezehrt hat, so sind seine Zügel und seine Schenkel, indem man sich ihrer bedient, das beste Erwerbmittel.

32. Wir erblickten Büffel, welche abweideten einen Sandboden, (gehend) wie die Jungfrauen einhergehen in den befransten Gewändern.

33. Aber während wir zögerten und seine Zügel zusammenknüpften, kamen sie gegen uns hervor wie (eine Schnur von) durchbohrten Perlen.

34. Da verfolgte er die fliehenden Büffel auf einem zuverlässigen, eilenden, wie ein Guss der sich entladenden Abendwolke.

35. Du siehst die Mäuse vor seinen weitem Schrittmaasse hervorschimmern auf dem Felsboden wegen des Rennens des funkenstiebenden (Rosses).

36. Es brachte die Mäuse hervor aus ihren Löchern, so dass es war, als ob sie bedeckte der Guss eines den Boden aufgrabenden Regens.

37. Da wurden gehört dumpfe Wehlaute von den Büffeln des Sandbodens, als er auf sie schoss mit der mit einer Sehne festgebundenen Pfeilspitze.

38. Da fiel einer auf den weissen Fleck der Stirne, und ein anderer vertheidigte sich mit dem Horne, als ob es wäre die Spitze einer Nadel.

39. Da lief es (das Ross(?)) feindlich hin und her angreifend bald einen Büffel bald eine Büffelkuh, und bald einen bejahrten (Gazellenbock), alt wie der dürre Baum.

40. Da sagten wir: Wahrlich, Wildpret ist nun dem Jäger zu Theil geworden, so schlagt über uns auf das Tuch eines mit Zeltpflöcken gebundenen Vorhanges.

41. Da begannen die Hände abwechselnd mit dem Koch sich zu beschäftigen (langend) nach einer Brust, dunkelfarbig wie der Reibstein (des Aromes).

42. (Es war) als ob die Augen der (getödteten) wilden Thiere, die zerstreut lagen um unsere Zelte und unsre Sättel herum, Muscheln wären die nicht durchbohrt sind.

43. Da kehrten wir zurück, als ob wir von Ǵuwâṯâ kämen am Abend, indem wir die Büffelkühe zwischen den Bug und dem Ort des Sattelgurtes hinaufgebracht (und angehängt) hatten.

44. Da kehrte es (dass Ross) zurück wie der Bock der Rablpflanze (der von der Rablpflanze gefressen hat), indem ihn belästigte der fliessende, ausströmende (Schweiss).

45. Und es kehrte am Abend zurück, indem es unter den am Zügel geführten mit unserm jungen Kameele wetteiferte, uns theuer, gleichend der freigelassenen Schlange.

IV.

1. Ich bin für Schas eingestanden mit meinem Lied, da zum Lösegeld zu wenig Hab und Gut vorhanden war.

2. Damals fiel mit ihm das vor, dessen Kunde zu dir gekommen ist, und ein Geschenk, das sich auf neunzig Gefesselte erstreckte.

3. Er vertheidigte meinen Stamm im Heere, wenn von den Schwertspitzen Funken stoben.

4. Da kamen sie bei dem Manne des Stammes Ǵafna in die Fesseln ein Theil, und in die Eisen eine Anzahl.

5. Da lag ein Niedergestreckter auf den andern, und in dem harten Kampf war Führerinn schlimme und gute Fügung.

V.

1. Sie liess sich uns sehen, da einige Vorhänge von dem Hause (Zelte) zwischen ihr (und uns) waren, als die Zeit der Unbesorgtheit des Wächters gekommen,

2. mit den zwei Augen einer Wildkuh, von denen die Thränen herabflossen, zwiefach verschiedenfarbig (die Augen) von Thränen und von Augenschminke;

3. und dem Hals einer jungen Gazelle, welcher sie von dem Schmuck zwei Bänder von Perlen und Smaragden angelegt hat.

VI.

1. Es wünschten einige wenige den Leuten von Mikras, dass sie in Naǵrân unter den Schafen des Ḥiǵâz wären, die man frei laufen lässt.

2. Auf, brechen wir auf nach Naǵrân in einem Sommermonat, barfuss, so dass ermattet jedes weisse Reisekameel!

3. Aber es freute sich über sie mein Auge am Tage von Chuḏunna, (als es war) als ob sie wären die Opfer der dem ʿItr geopferten Schafe.

4. Ihr seid auf einen Körper gerathen, vor dem vor eurer Ankunft man sich warnte, einen mit grossen Kopfknochen, mit dickem Hinterschädel.

VII.

1. Wer ist ein Mann, dem ich schenken soll meinen Sattel und meine Kameelinn; der weiter sagt von mir das Lied, wenn dessen Dichter todt ist,

2. als eine Warnung, doch was nützt die Warnung mit einem Stachel, für den dessen Schafe und Kameele um Badî sind.

3. Sage also den Leuten von Tamîm: Bringet die Sandwüste zwischen sie (die Herden); denn auch andere als Tamîm, die sie (die Warnung) verkennen, gerathen in Bedrängnisse.

4. Denn Abû Ḳâbûs steht zwischen mir und zwischen ihnen mit einem Heere, welches die Vögel verjagt, dessen Lagerplätze roth sind.

5. Wenn sie aufbrechen, verstummt jeder Rufer und jeder Treiber; sein Schnalzen und das Wiehern seiner Rosse.

6. Aber ich werde sicherlich nichts erfahren von gefangenen Weibern deren Brüste zur Schau gestellt werden, einem (rohen), der selbst von seinen Verwandten sich abwendet und nicht mit ihnen in Freundschaft lebt.

VIII.

1. Manchem Schutzgenossen mit frohem, heiterem Gesicht, habe ich den Braten mit dem Schürholz herausgeholt (und vorgesetzt),

2. von einem jungen (Kameele) welches geschlagen wurde mit einem glänzend weissen, schneidenden (Schwert) durch die Hände eines starken, der den Umhang des Leibschurzes nach sich schleppte.

3. Und vorwärts habe ich getrieben ein Reisethier, dessen Rippen von dem Anspornen seines Reiters (mager) wie Cypressenbretter waren,

4. ein schlankes, wann der Mittagsdunst sich erhob über den Hügeln und an den Theilen des staubfarbigen Himmels herumflog.

IX.

1. So weit sind die Banû Nahschal gekommen, dass Bunân vor ihnen liegt, sie, welche speisen den Sohn ihres Clienten, wann er hungrig ist.

2. (Es ist) als ob der Stamm Zaid Manāt nach ihrem Weggange Schaafe wären, denen die Hirten zuriefen, sie sollten sich auf der Ebene niederlassen.

3. Bringe den Banû Nahschal von mir eine Botschaft, dass der geschützte sowohl, als der unbefestigte Platz nach ihrem Wegzug zerstört (vernichtet) ist.

X.

1. Und wir trieben weg von Ḍarîja unsre Pferde, indem wir sie jagten den Weg über die Spitzen der Hügel, eilig,

2. in schnellem Lauf, so dass der Schweiss von ihren Brustknöcheln herunterlief; wir jagten sie durch weites, fernes und niedriges (Land).

3. Abgewischt wurde der trockene Schweiss von ihren Brustbeinknöcheln, während sie sich beklagten ob der Striemen zurücklassenden Peitschenhiebe.

4. Da holte er sie herwärts Hujaimā ein am Abend, nachdem es (das Einholen) gewesen war ein Rennen von äusserster Anstrengung, ein weiter.

5. Wir trafen den Ṭarīf und den Ṭarīf, Sohn von Mālik, und eine Erleichterung wäre es gewesen, wenn wir Milḳaṭs Leute getroffen hätten;

6. wenn sie (die Malāḳit) erfahren hätten, was sie sich selbst bereitet hatten von Bösem, dass das Böse Stämme zu Grunde richtet.

7. Aber ich habe noch keinen Tag gesehen, an dem mehr geweint wurde, und an dem mehr (Leute) beneidet wurden, der verherrlicht wurde, und den mehr beneideten.

XI.

1. Wie schön sind doch die Vergnügungen der Jugend im Leben mit dem Reichthum, womit ausgestattet ist der edle, freigebige, junge Mann.

2. Und manchmal hält wohl die Dürftigkeit den Edeln ab nach seinem (freigebigen) Sinn zu handeln, während er, wäre nicht die Dürftigkeit, zu grossen Thaten sich emporgeschwungen hätte.

3. Und ich durchmass wohl auch die Wüste, worin das Verderben zu fürchten ist, mit einer starken (Kameelinn fest) wie die wohlgefügte Schwertscheide des Persers;

4. (die war) als ob ihre Schenkel auf dem Sandweg, nachdem sie schlaff geworden, die Arme eines entblössten Wasserschöpfers wären.

XII.

1. Manchen Vetter, wie der Vetter des Zibrikân, habe ich geheilt (mir versöhnt), wie ein Bein, an dem ein Bruch wieder auseinandergegangen ist, eingerenkt wird;

2. Wann es ein Jahr alt wird, während es die Binden trägt, kommt der Wechsel; keine Heilung hat sich verfestigt und kein Bruch.

3. Du meinst, Gott habe ihn an Nase und Augen geschändet, (so bekümmert siehst du ihn) wenn sein Vetter in die Lage kommt, dass ihm viele Habe eingeht.

4. Man sieht, dass das Böse seine Gesichtszüge schon so entstellt hat, wie die Klauen der Eidechse auf hartem Gestein zu Grunde gerichtet hat das Graben.

XIII.

1. Mancher, der mich schmäht, wird seine Feindschaft nicht verborgen halten, wann mein Verhängniss vorwärts treiben die Geschicke;

2. wenn mich in sich aufnimmt ein Behältniss auf einem Hügel, kehren sie schnell zurück, und es (das Grab) steht am Abend verlassen.

3. Aber es täusche dich nicht das lose Flatternlassen des Gewandes, indem der Kopf umhüllt ist; ich bin wahrlich ein Mann, der, wo es Ernst gilt, gerüstet dasteht.

4. Als ob ich nicht gesagt hätte eines Tags zu einer Schaar Fussvolk: „Greift an", und nicht jungen Männern in einer Reiterschaar: „Marschiert"!

5. Sie marschierten insgesammt, nachdem schon lange gedauert hatte ihr Trab, bis sich zeigte die (Morgenröthe) mit glänzenden Vorderseiten hervortretend.

6. Und (als ob) ich nicht früh wie eine (Kameelinn) mit eingefallenem Bauch zu dem angesammelten Wasser gekommen wäre mit Leuten, deren Gang zur fünftägigen Tränke in der Morgendämmerung geschah.

7. Ich führte sie (die Kameele) hinab, indem die Brust der weisslichen fest gegürtet war, da die Morgendämmerung dem glänzenden Stern gegenüber stand.

(8. Sie beglückwünschten sich nachdem lang gedauert hatte ihr Traben mit der Morgendämmerung, als Anfänge von ihr erschienen.)

9. Es erschienen Vorboten von ihrer Ankunft, (von ihrem nächsten Theil) welche man unterschied, während ihr grösster Theil noch im Dunkel der Nacht verborgen war.

XIV.

1. Ich habe als den freigebigsten Menschen den Ḳais ben 'Aṯâṯ erfunden; ihn darum will ich bei dem, was mir widerfahren ist, loben.

2. Es erhob ihn Ziad ulmaǵd von der Familie des Ǵâbir und der Familie des Imruulḳais, der vortreffliche, der Sohn des Mazjad.

3. Und ich war in der Lage, dass zwischen dir und mir Hass war, wobei du klar erwiesen hast, dass ich auf unrechtem Wege war.

4. Ich schwor bei dem, was die Pilger nach Mina führt, und was von der Kehle der mit einem Halsschmuck geschmückten Opferthiere herunterrinnt,

5. dass, wenn du mir vergiebst die Fehler, die du bemerkst und mich meinen Speichel herunterschlucken lässest, und mir Frist vergönnst,

6. So werde ich abstehen nachher von dem, was dich kränkt, auch wenn mich antriebe ein stotternder unter Sklaven (d. h. der elendeste Sklave).

Anmerkungen.

I.

Die Kaṣîde ist übersetzt von Hammer, Literaturgeschichte der Araber I, 404; Fr. Dieterici, Motanabbi und Seifuddaula aus der Edelperle des Tsaālebi S. 8 – 11; Kremer, Aegypten I, S. 225, V. 12–26. Ueber die ersten Verse, die dem Reisebegleiter in den Mund gelegt sind, spricht Ahlwardt in Chalaf el aḥmar und Josef von Hammer, Greifswald 1859 S. 41 ff.

1. Metrum Ṭawîl. — Ǵauhari u. d. W. طحا: بعيد; Ibn Alaṯīr ed. Tornberg I, 402 بعيدُ; عصر حين neben حان. — Comment. (V) طحا بك اتّسعَ يقال طحا يطحو مثل دحا يدحو وطحا بك همّك يطحا طحوًا وطحيا اى ذهب بك; G طحا ارتفع.

2. V und Ibn Alaṯīr تُكلّفنى; letzterer auch اهلها st. وليها. — Ǵauh. u. d. W. عوادى الدهر عوائقه قال الشاعر ٭ وَعَدتْ عَوادٍ دون وليك تَشْعَبُ ٭ عدى. Eine Anmerkung zu M denkt auch an عاد med. و.

3. G ע, V und Rödiger, Zeitschrift der Deutschen Morgenländischen Gesellschaft Bd. XI, S. 336 كلامها; M طِلابُها — Comm. منعّمة اى ذاتُ نَعيمٍ

4. V تُفشَ. — Das heisst: in der Abwesenheit ihres Mannes nimmt sie keinen Geliebten.

5. V سَقتك, M روايا am Rande; im Text غوادى (Ḥamâsa ٢١٠, 18) Ibn Hischâm ed. Wüstenfeld I, ٣٢٢ تعذلى. — مغمَّر sagt der Comm. ist der Unerfahrene, von Torheit Besessene, aber auch nach Einigen der Besiegte (مغلوب). — Die Gedankenverbindung der beiden Vershälften

möchte die sein: Ich, der ich nun von dir wegreise, bin kein in der Liebe unerfahrener, dich aber möge in meiner Abwesenheit der Himmel segnen u. s. w.

6. V سقاك, يَمانٌ (was auch möglich ist, vgl. Kâm. turc.) حَبِى; عارِضٌ; M عارِضٌ; G جُنِّعَ vom Gloss. vocal. V جُنّعَ vgl. Kāmil ed. Wright ١٨٠, 8. — يمانٍ ist nach dem Comm. hier eine von Jemen kommende Wolke; sie bringt Regen; ذو عارض von der Wolke, Abu Nowâs in Chalaf el aḥmar S. 205 Z. 2.

7. M أبَى القَلْبُ إلّا ذِكرَها رَبعِيَّةٌ V يُحَط; vgl. Chalaf el aḥmar S. 42. — Mit Rabîâ ist nach den Glossen Rabî'a ben Mālik b. Zaid Manāt gemeint. Ṭarmadā wird von Ibn Duâd mit zwei Ḍamma, von Abû 'Alî mit zwei Fatḥa geschrieben (G) vgl. Jakūt ed. Wüstenfeld I, ٩٢٢. Der Commentar sagt, auch das Grab werde manchmal قليب genannt, so vielleicht auch hier. رَبَعِيَّةٌ ist jedenfalls بدل zum vorhergehenden Suffix vgl. Mufaṣṣal ed Broch S. ٢٩, Z. 3 v. u.

8. M auch عليم; C. d. Perceval essai II, 239 خبير, 1 بأحوالِ. — Diese drei Verse scheinen in den Volksmund gekommen zu sein, vgl. Rückert Hamāsa II, S. 158.

9. M, G مِن; M, H, I und Ibn Alaṯīr فى. — Der Comment. führt als Parallelstelle Imruulḳais Diwan ٣٢, 18; vgl. Kāmil Heft II, ١٢٧, 14, an.

10. Rückerts Conjectur (a. a. O.) يَرِدْنَ zu lesen, bestätigt nur H. Ibn Alaṯīr وجدنه, C. d. Perceval a. a. O. علمنه was auch Ǵauh. u. d. W. ثرى (ein vorzüglich correcter Band!) liest. — Der Comment. bringt folgende Verse von الطائىّ

رَجُلُ الرِّجالِ مِنَ النساءِ مَوَاقِعًا ... مَنْ كانَ أشْبَهَهُمْ بِهِنَّ خُدودَا

حَتَّى إذا ما الشَّعْرُ سَوَّدَ وَجْهَهُ ... صارَ المُسَوَّدُ عِنْدَهُنَّ مُسَوَّدَا

Cod. احل, رجل nach der Conj. v. H. Prof. Fleischer; حدودا; سار. Der Mann der Männer, was die Verhältnisse zu den Frauen betrifft, ist der, welcher ihnen am ähnlichsten ist an den Wangen; wenn erst einmal das Haar sein Gesicht schwarz gemacht hat, so wird der schwarz gemachte nach ihrer Meinung ein zum Herrn gemachter (d. h. Herr über sie).

11. Hier schliesst die Vorrede. كهمّك erklärt der Comment.: wie du sie wünschest; vgl. Diwan von Imruulḳais ٢٦, u.

12. Comm. ركيب ضلوعها ما ركبها من لحم وشحم وهو فعيل فى معنى فاعل.

13. Comm. غِبَّ بمعنى بَعْدَ; die gestreifte ist hier eine Wildkuh, mit dunklen Streifen, eine bejahrtere, weil diese scheuer ist vor dem Jäger, und darum um so rascher auf der Flucht.

14. M am Rande تَعَقَّقَ, V قَنَدَّتْ; Der Comment. bezieht das erste Verbum auf die Wildkuh; Alaṣma'î auf den auflauernden Jäger. كليب ist entweder eine Schaar Hunde oder, was Abû Bakr für besser hält: Jäger, welche Hunde bei sich haben. — Ueber أَرْطَى spricht Ǵauh. u. d. W. ارط und رطى, ist aber doch für die Ableitung von ersterem; er führt auch dafür eine Form فُعْلَى an(?).

15. Eichhorn monum. antiquissimae historiae Arabum, Gothae 1775; S. 165 بكلكلها. — Möglicherweise hat Ḥārit̲ ben abi Schamir von diesem Vers seinen Beinamen „der Schenker" bekommen C. d. Perceval II, 234.

16. M نداك, V نَداكَ; M am Rand, V im Text قُروب. — قروب ist nach den Glossen der Name seiner Kameelinn; Abu Bakr meint, man könne es auch als verstärkte Adjectivform fassen. Das plötzliche Ueberspringen zur directen Anrede ist hier ganz am Platze.

17. مُشْتَبِهٌ von Wegen, welche einander gleichen, so dass man sie nicht von einander unterscheiden kann, vgl. Chalaf el aḥmar S. 70 Z. 4 v. u.

18. G تتبّع, V تَتَبَّعَ. — Die Wege werden mit Fäden von Baumwollenzeug verglichen, weil der Sand Wellen, Streifen bildet, vgl. Kāmil H. III S. ١٩١ Z. 8.

19. M اجواز st. اصواء. — Zu فرقدان vgl. Dieterici a. a. O. S. 146 und 147; man richtet sich nach diesem Sternbild.

20. M بها — Comm. صليب von Häuten gesagt, sind die noch ungegerbten, ungeweichten, woran noch das Fett ist; neue und alte Leichen liegen auf diesem Wege; doch sehe ich nicht ein, wie dieser letztere Unterschied in den Worten des Verses liegt, wenn man nicht das doppelte ها in der Bedeutung etwa von بعضها fassen will. جلد, sagt M, steht als اسم جنس an der Stelle des Plur., wie in dem Halbvers فِى حَلْقِكُمْ عَظْمٌ وَقَدْ شَجِينَا (V): in eueren Kehlen steckt ein Knochen und wir haben Kehldrücken (bildlich).

21. Ǵauh. u. d. W. صب und اجن: فاوردها — صبيب ist nach dem Comm. entweder ein im Ḥiǵâz wachsender Baum (Strauch), womit gefärbt wird, oder vergossenes Blut, nach G (aus Ǵauh.) Wasser, das mit Blättern von dem Simsim und andern Sträuchern dunkelroth gefärbt ist.

22. V تُزَادُ, M تُرادَى am Rand تَرادى, G تُرادُ. — Nach Abû ʿAlî (im Comm.) ist تراد hier so viel als تطلق الى الماء والمرعى von راد, auf die Weide gehen, das vom Thiere gebraucht werde, wenn es allein auf die Weide gelassen wird, und die andern angebunden werden. تُرادَى ist nach dem Comm. auch so viel als تُراود, wozu Ǵauh. u. d. W. ردى: يُقال رادِيته اذا راودته وهو مقلوبٌ منه قال طُفيل الغنوىّ

يُرادى على فأْسِ اللِجام كانّها　　يُرادَى به مَرْقاةُ جِذْعٍ مُشذَّبِ

(Es wird angetrieben mit den Eisenstücken der Zügel, als ob es ein (fühlloser) Leitersitz eines Palmstrunks wäre). Zu der kurzen Ausdrucksweise des zweiten Halbverses verweist der Comment. auf Fälle wie Baidâwi I, S. ٣٩, Z. 5, Ḥamāsa S. ٢٢٢, Z. 20; M führt dazu folgenden Vers an

إنْ قِيلَ قِيلُوا فَفَوقَ أظْهُرِها　　أوْ عرِّسُوا فالذميلُ والخَبَبُ

Wenn es heisst: Macht ein Mittagsschläfchen, so ist es auf ihren (der Kameele) Rücken, oder: Rastet, so ist das der Galopp und der Trab.

23. M und Ǵauh. (u. d. W. ربّ) رِبابَتِى was so viel ist als عَهْد, مِيثاق, (ملكة M). — Comm. افضت انْتَهت. M hat hier am Rande noch folgenden Vers, der wohl hier folgen sollte:

فَلَسْتَ لِإنْسِيٍّ ولٰكِنْ لِمَلْأَكٍ
تَنَزَّلَ من جَوِّ السَّماءِ يَصوبُ

aber wohl für unächt zu halten ist.

24. M وَأدتْ V كَعْبٌ. — Er meint mit dem zum Sklaven gemachten Gefangenen seinen Bruder Schas; mit der „Rettung" die Loslassung der Gefangenen vom Stamm اسد etc. durch die Intercession des Nâbiga addubjâni.

25. V لَأَبَوْا G لابوا. — جَون ist der Name des Pferdes des Ḥārit ben abi Schamir (G, M; nach dem Comm. des Ḥārit ben Nomān? zwei-

mal). Es bezieht sich wohl diese Stelle darauf, dass in der Schlacht ein Flügel der Gassâniden besiegt wurde Ibn Alaṯīr I, S. ٣٠١, u.

26. M يقدّمه V لبيض. — ضروب ist eine Intensivform wie ضرّاب Nâbiga XI, 7. ضرّابون للهام.

27. V تُظاهِرُ; عقيلًا; سُيوف und mit schwarzer Tinte ٥ über ف. — Zu ظاهر vgl. Ḥamāsa ١٢٧, u. und Comm. مِخذَم und رَسوب sind zwei gewöhnliche Schwertnamen, vgl. Krehl, Ueber die Religion der vorislamischen Araber S. 15, u.

28. M وقاتَلْتُهُمْ. — وقى VIII etwas zwischen sich stellen um sich zu schützen, vgl. ʿAntara Muʿall. V. 64.

29. M جالد Ibn Alaṯīr خالد; M im Text قيس am Rand قاس; Ibn Alaṯīr وهند وفاس ما صنعت يشيب. — Die genannten Stämme sind jemenensische (von Ḳuḍāʿa) Comm. V هَنْبُ.

30. M und Ǵauh. u. d. W. خش: تَخَشْخَشَ, Ibn Alaṯīr تُخَشْخِشُ und بين st. ييبس; V أبدانَ. — Comm. (Cod الخفى) الخشخشة الحَرَكةُ والصوت الخفىّ حصاد ist hier concret zu nehmen. عَلَيْهِمِ schreibt G und V überall nach dieser alten Schreibweise, nicht هم vgl. Nâbiga XX, 7 etc.

31. V und M فَأَنْتْ V حصيب, G تَطيبُ. — جاد بنفسه vom Märtyrer, dann in der Volkssprache allgemein gebraucht (vgl. جان دادن). Vgl. zu dem Verse Ḥamāsa S. ١٨١, Z. 7 v. u. Motanabbi und Seiffuddaula S. 84, 3.

32. V جَلٌ, لباته M جَمَعَتْ ما. - Comment. جلّ وعَتيبٌ من غسّان (so G) والأوْس من اليَمَن يقول هذه القبائلُ تقدّمُ لَبانَ الجَوْن وتدفعُ عنه d. h. sie vertheidigten ihn; das Prädicat von كأنّ, sagt der Comm., ist ausgelassen, es lautet, als ob sie wären wie die Löwin, die ihre Jungen vertheidigt. — Aehnlich erklärt M den Ausdruck: sie umringten ihn als ihren Anführer. — Die Bedeutung von تحت لبانه scheint mir auf diese Weise merkwürdig gefasst. Wer weiss, ob nicht diese kleinen Stämme zu den Feinden des Ḥāriṯ gehörten und der Vers dann mit dem folgenden zu verbinden wäre, wie ich es in der Uebersetzung versucht habe.

33. M und V auch فداحص wie G; Ǵauh. u. d. W. دحص. — Der Comment. erzählt die Geschichte des Propheten Ṣâliḥ mit den Ṯamûditen vom Brüllen des Kameles etc. vgl. Kāmil I, S. 4. Z. 5 ff. wo der Vers angeführt wird.

34. Zu صاب vgl. Ibn Hischām ed. Wüstenfeld I, S. ٣٦٥, unt. ff.; zu dem sich Ducken und Herumflattern der Vögel Ḥamāsa ١٨٢, 10 u. vgl. Comm.

35. V, Ibn Alaṯīr, Ḥamāsa ٢٩٨, Z. 5: ينج, letztere فى العنان st. كالقناة. — Das Pferd wird mit einem am Feuer gehärteten, schlanken Rohr verglichen; es behält von seinem Zeug nur den Zügel, der es nicht am Fliehen hindert.

37. V القّبابِ. — كَمِىّ leitet der Comm. von كمى verbergen ab, weil der Tapfere seine Tapferkeit verbirgt!

37. Steht nur in M, ist aber ganz passend zum Uebergang auf den Schluss; das Wort نُعْمى hängt vielleicht mit dem Ausdruck zusammen, den Ḥārit, 'Alkamas Verlangen gewährend, nach C. d. Perceval II, S. 239 gebraucht haben soll وَنُعْمى عَيْنك.

38. Schon vorher, sagt der Comm., hatte Ḥârit dem Nâbiga addubjânî die Gefangenenen der Banî Asad (einige über 80) freigegeben; als nun 'Alkama diesen Vers recitiert hatte, sagte er 'Alkamas Worte gebrauchend: نِعَمْ وَأَذْنِبَةٌ; darauf liess er ihm die Wahl zwischen dem Geschenk und der Freilassung der Tamîmiten, worauf 'Alkama natürlich das letztere wählte. — Vgl. dazu Ǵauh. u. d. W. خبط und شاس; Eichhorn monum. S. 165, Sacy anthologie gramm. S. 462 und bes. Kāmil H. II, S. ١١٠, Z. 17 ff.

39. G قَبِيلَةٌ M اسيرة (vgl. die Reihenfolge der Verse es geht dann ة auf Ḥārit). — Ueber die Vocalisation nach diesem إلّا hat G eine mir fast unleserliche Glosse; der Accus. könne stehen, weil das Ausgenommene vor dem نعت dh. مساوٍ stehe, welches mit مثله zu verbinden sei, der Nomin. indem man مِثْلُهُ für sich ohne Rücksicht auf das noch folgende nehme.

40. V تُحْرِمَنّى, Ibn Alaṯīr جناية; Ǵauh. u. d. W. جنب. — Comm. الجنابة البُعْد وعن فى البيت بمعنى بعد يقول لا تحرمنى نائلا بعد ان اعترفت(?) اليك ونأَيْتُ عن دارى فللاغترابِ والقصدِ أُوجِبَ قصدٌ

M hat die Reihenfolge der Verse: 1—7, 8, 10, 9, 11, 15, 18, 12—14, 16, 17, 19—22, 40, 23—26, 28, 27,31, 29, 30, 32—39.

V: 1—28, 31, 29, 30, 32—37, 39, 38, 40.

II.

1. Metrum Basîṭ: Freytag Darstell. d. ar. Versk. S. 190. V اسْتَـوْدَعْتَ; J عملت. — Comm. und Glosse zu M supplieren zu مكتوم: عندها; anders Ahlwardt, Chalaf el aḥmar S. 42. Vgl. die Verse in dem Abschnitt des Ag. S. ١٨.

4 ﷺ Ǵauh. u. d. W. زاد: ردّ القيَان Glosse M رَدّ القيانِ. Der Vers klingt merkwürdig an Zuhair V, 2. Cod. Goth fol. 58ᵃ u. an:

رَدّ القِيَانُ جِمَالَ الحَىّ فاحتَملوا الى الظّهيرة امـرٌ بَيْنَهُمْ لَبِكُ

لَبِكُ مختلط لبك, vgl. Ǵauh. u. d. W. لبك Die تزيديّات sind nach den Gl. v. M u. V auch Sänften (هوادج); die Nisbe ist nach Ǵauh. von einem Manne (fehlt in V; M عمرو) (ابن عمران) اَبن (M und V حيدان) تـزيـد بـن حُـلـوانَ ابن الحاف بن قُضاعة.

5. Ǵauh. u. d. W. عقل u. Glosse M تَكادُ الطّيرُ تَخْطَفُهُ.

6. V u. M نَضْحُ Ǵauh. u. d. W. طاب u. ترج: نَضْحُ vgl. Ag. ebdas. Glosse M التطياب من الطّيبِ والمصادرُ فـى هذا المثال مَفْتُوحة الّا تِبْيانا (تبيان Cod) ونحوه وفى الأسماء يكونُ مكسورًا نحوَ تِمثال.

7. Cod. فارة; das Hamza ist besser. Der Moschus duftet so stark, als ob ein ganzer Vorrath davon auf ihrem Kopfe sässe, so dass Jeder nur darnach langen kann: denn man riecht ihn trotz Verstopfung des Geruchsinns.

8. V يَحُطّ; V. erklärt es durch eilen, يسرع wohl st. يسقط.

9. V u. G عُرِيَتْ metrisch möglich, vgl. V. 52 aber der Bedeutung nach unzulässig. M عُرِيَتْ زَمَنًا. — Ǵauh. hat den Halbvers unter كثر ganz verdorben; doch führt er die Behauptung von الاصمعىّ an, ausser in diesem Vers stehe überall كَثَر in der Bedeutung سنام; Abû 'Amr nach M liest hier beides.

10. Mit dem Schaum der Chaṭmîpflanze wäscht man den Kopf n. d. Gl. u. Ǵauh. تلغيم erklären die Glossen einfach mit لُغام; eig. ist es „Schaum hervorbringen" denom.

11. G العُرّ, V القطْرانِ, الصرْفُ. Mit der Krätze, die durch Anstreichen von Pech geheilt wird (Freytag Einleitung in das Stud. der ar. Spr. S. 243) ist Magerkeit des Körpers verbunden.

12. G حُدُورُها und über dem ح noch ein rothes Fatḥa. Abû 'Ubaida nach V liest جُدُورُها als Plural von جَدْر ش h. حاجر. Weil, zu Ibn

Hischâm p. 37 in der Uebersetzung kennt den Zusammenhang des Verses wohl nicht.

13. M hat eine Lesart ذِكْرُهَا(?) und بِهَا. Der Comm. giebt an, das مِن ذِكرٍ mit Vers 8 zu verbinden, und es bietet sich in der That kaum eine andere Anknüpfung, als diese wegen der längeren dazwischen getretenen Abschweifung kaum erträgliche.

14. M liest auch صِفْرُ الوِشاحِ وَمِلْأُ الدِّرْعِ بَهْكَنَةٌ. — V auch ملئ المِرْطِ.— وشاح ist hier nach M مَوضِع الوشاحِ. Hier schliesst die Vorrede, und es beginnt die Schilderung des Strausses.

15. M u. Lesart v. V باُخْرَى; aber auch أُولَى kann agmen novissimum bedeuten. — Comm.: Ein Stein, der in einer geringen Wassermenge liegt, wird immer härter, daher werden starke Kameele damit verglichen. — عُلْكُوم ähnlich عُلْجُوم G und V = كَثِيرَةُ اللَّحْمِ, Ǵauh. = شديد wie auch جُلْذِيّ, wobei er den Halbvers citiert.

16. Der Vers scheint unächt; er steht nur in M und zwar nach dem hiehergezogenen Vers 10; doch oben würde er nur das (viell. unächte?) Zwischenstück noch ausdehnen.

17. V ضَامِرَة; مَوْسُوم was der Comm. mit المُخطَّط القوائم بِسَوَادٍ, wie G und M موسوم mit مخطّط القوائم erklären; طاوى الكشح bezeichnet hier n. d. Comm. den feinhörigen, sich vor dem Jäger in Acht nehmenden Büffel; er heisst ذُو وُشُوم Nâbiga VI, 20.

18. M قَوَادِمُهُ was Abulábbâs ausdrücklich missbilligt. — زُعْرٌ قوائمُهُ ist ein umgedrehter Nominalsatz; der Vers sieht V. 24 ähnlich, wo زُعْر قوادِمُها als uneigentliche Annexion besser zu erklären ist, als hier wo diese kaum anzunehmen sein möchte. N. d. Commentatoren ist der männliche Strauss خاضب (Plural aber bei Nâbiga IV, 7 خاضبات) grün im Winter, und dann holen ihn die Pferde nicht ein; wenn aber die Frühlingsblumen heranwachsen, frisst er davon, bekommt rothe Farbe, wird fett und kann mit Pferden erjagt werden; M und V Comm. zu Nâbiga IV, 7, wo die Beschreibung des Strausses zu vergleichen ist. Aehnlich wie hier und Vers 21 wird der Strauss beschrieben von Zuhair XI, 16. Cod. G fol. 62, 7

اصَكُّ مُصَلَّمُ الاذنَيْنِ أجْنَى   له بالسِّيِّ تَنُّومٌ وَآءٌ

رسّى, wohl سَىّ zu lesen, wird mit ارض erklärt.

19. V يَنْفُقُهُ (im Text falsch يَنْفُقُدُ) M يَنْقُصُهُ Glosse ينقضه, überall soll es bedeuten: den Kern aus der Colocynthe herausholen. V مَخْزُومُ. — خطبان nach dem Comm. Beiname der Colocynthe, mit Fatḥa, Kesre und Ḍamma; nach Abû'Alî bedeutet es gelb und rothstreifig, nach der Glosse zu M mit schwärzlichen Streifen ohne weisse und ohne gelbe.

20. M تَبَيَّنَهُ; V u. M أَسَكُّ. – Comm.: Er meint: sein Maul ist immer ganz geschlossen, wie ein Spalt, den man in Holz macht. اسكّ ما يسمع = اسكّ الاذن mit uneig. Annexion, was man aber wohl auch noch anders fassen kann; auch steht nach einer andern Erklärung ما in der Bedeutung von ليس, indess weniger gut. Vgl. zu dem Vers Nöldeke, Beiträge zur Poësie d. A. S. 203; er liest اسلّ und conjecturiert اشلّ.

21. G عَلَيْهِ u. عَلَتْهُ, V und M führte عَلَتْهُ auch an; M auch عليه الدَّجْنُ vgl. Mufaṣṣal S. ١٨١ Z. 5. Comm.: Der Strauss kehrt dann eilig zu seinem Nest zurück, weil der Regen ihm die Eier verdirbt.

22. V تَزَيُّدُهُ, G ohne Vocale. نَفِق in der Bedeutung von schnellem Abbrechen des Laufes, gew. vom Pferd (vgl. Ǵauh.), hier vom Laufe selbst gesagt, kommt n. d. Comm. von der Bedeutung نَفِقَ الزادُ اذا نَفِدَ. Comm.: الـزفيف دُونَ العدوِ والشَدُّ العدوُ الشديدُ يقولُ كُلَّما زادَ فى عَدوه لم يَنقطعْ بالزِّيادة وذلك لشِدّة حِرْصِه على إدراكِ بَيْضِه

23. Sein schneller Lauf wegen seiner Furcht vor dem Jäger macht seine Augensterne vor Anstrengung so auseinandergehen, dass er sie gleichsam spaltet. Vgl. Nâbiga II,23 غائرة العيون مِنَ الجَهد = سَمامًا خُوصًا عُيُونُها

24. Statt خُرَّقٍ M حِسَكِلٍ, V Comm. دَرْدَقٍ, M حَوَاصِلُها (vgl. Chalaf el aḥmar S. 182) M auch بُرِّكٍ. Seine Jungen liegen niedergeduckt im Nest (G لِصقن بالارض), und gleichen daher Baumwurzeln die unordentlich mit Staub und Erde bedeckt (Comm.), am Boden kriechen; برك II weil es viele sind vgl. Fleischer, Beiträge zur arabischen Sprachkunde I, S. 160, Z. 6 v. u. Darauf folgt in M

قَطافَ طَوْفَيْنِ لِلأُدْحِيِّ يَقْفُرُهُ كَأَنَّهُ حاذِرٌ للنخس مَشْهُومُ

Da umkreiste er zweimal das Nest, dessen Spur er verfolgt hatte, etc. Der Vers ist wegen der Achnlichkeit mit 23 verdächtig; der Inhalt ist aber ganz passend. Cod يَقْفِرُهُ.

25. V وَضَاعَةٌ M جُرْجُورَةٌ. — وضّاعة, erklären die Gl. als = سريع; von وضع Bed. 7 bei Freytag; die Form ist wie عَلَّامَةٌ Mufaṣṣal S. ٨٢, u.. تَنْهِيَةٌ

Plur. تَنَاءٌ ist der Thalgrund, wo das Wasser im Laufe aufgehalten wird (نهى VI) und sich staut; wo das statt findet, wird natürlich die Gegend grün, und die Thiere haben reichliches Futter. Die Brust und der Hals des Strausses werden hier mit einer Laute verglichen, doch wird er daneben auch als kräftig beschrieben.

26. G scheint تلاقى zu lesen, doch ist der Punkt unter و seitlich; aber auch M hat am Rande diese Lesart. — Ǵauh. u. d. W. عرس führt den Halbvers an, zum Beleg dass عِرْسانِ Weibchen und Männchen zusammen, genannt werden. — Der Strauss findet nun sein Nest. Der Comm. behauptet, 'Alḳama mache hier einen Fehler, da die Eier im Straussennest nicht übereinander geschichtet seien.

27. V تراطنَ, بِأَنْقاضٍ. — إليها geht auf die Jungen v. 24 vgl. zu diesem Vers Chalaf el aḥmar S. 181. — وحى IV steht hier noch in der vorislamischen allgemeinen Bedeutung.

28. Comm. الصَّعْلُ الرَّقيقُ العُنْقِ الصَّغيرُ الرَّأْسِ والبَيْتُ بَيْتٌ من شَعْرٍ أو وَبَرٍ والخرقاء المَرْأَة التى لا تُحْسِنُ العَمَلَ وقال أبو علىّ الخرقاء هاهنا الريحُ الشديدة وهو احسنُ شَبَّه جَناحَى الظليم فى نَشره ايّاها بِبيتٍ لم تُحسِنْ عمَلَه هذه (هذا .Cod) الخرقاء فاسترخت عيدانُه واطنابُه كاسترخاء جَناحَى الظّليم. Vers 28 und 25 unterbrechen durch zwei صفة auf bemerkenswerthe Weise das Fortschreiten der Schilderung, wie der Strauss sich seinen Jungen gegenüber benimmt.

29. V بزَمارٍ. — جفّ Imperf. a, wie es V und M hier vocalisieren, finde ich nirgends. Hier schliesst die Schilderung des Strausses, in der, nach der Ansicht des Comm., 'Alḳama von keinem übertroffen worden ist, und wir selber werden das Kunstvolle dieses Abschnittes nicht bestreiten. Plötzlich macht der Dichter hier, nachdem er das friedliche Treiben dieser Thierfamilie uns vorgeführt hat, einen Uebergang zu Allgemeinsätzen, von denen Iskender Aġa richtig bemerkt وكانَ يَجْرِى فى شِعْرِه مجرى الأمثالِ الحكميّة.

30. V كثُروا. — Ueber die أثافى vgl. Sacy Chrestomathie arabe 2 ed.; B. III, p. 204; Meidani prov. ed. Freytag X, 5; das tertium comparationis ist nach dem Comm. das Umfassen, Umfangen, wie der Kochtopf sich zwischen den Herdsteinen nicht rühren kann. Der Sinn ist: Jedes mächtige Volk nimmt wieder ab an Macht und ein anderes wird mächtig. عَرِيفُهُمْ ist بَدَل الاشتمال.

31. M باقٍ statt مُبْقٍ; G مهلكة. — Der Comm. führt als ähnliche Stelle von einem Ungenannten an

وَفِى شُغُلُ المرء اللَّئِيم إضاعةٌ ويَعْتَلُّ نَقْدُ المرء وهْو كريمُ

Text شعل; Es bleiben unangegriffen die Güter des Mannes, der geizig ist sich ihrer zu entledigen, während krankt das baare Geld des Mannes, wenn er freigebig ist. Man könnte auch وَفَى und اضاعةٌ lesen, da der Comm. nirgends vocalisiert ist.

32. M نَقَادَتِه — In نقادة ist die Femininendung wie in جِمالةٌ, فِحالة eingetreten. — Die Wolle von Lämmern ist die schönste, weisseste البنُ الصوف Comm.; der Schwerpunkt scheint mir in dem Gegensatz von jungen und alten Schafen zu ruhen, وافٍ und مجلوم sind im Bild der Wohlbegüterte und der Arme.

33. MJ مِمَّا يَضَنُّ به الأقوامُ, V تَظَنَّ. — Nur der Freigebige gewinnt Ruhm.

34. J einige Schreibfehler: غرض, يستزادُ.

35. G ومُطْعَمُ.

36. Der Comm. zum ersten Halbvers اى يَنْظُرُ بها لِيَسْلَم ممّا يَخافُ فهى لا بُدَّ واقعـةٌ بما يَخافُ.

37. G, V كل بيت dagegen M und J. V, J سلامتُه, M beide Lesarten. —

38. V قد أَشْهَدَ الشَّرْبَ. — صَهْبَاء wird vom Wein gesagt: weissgelb; aber auch von anderem, z. B. von Wolken Nâbiga VI, 10 صُهْبُ الظِلالِ. Der Dichter springt hier wieder ab und erzählt bis zum Schlusse, wie er sich nun in dieser Welt, die er so eben beschrieben, herumgetrieben habe, was sehr gut zu Vers ٢, der ihn als älteren Mann bezeichnet, passt.

39. G كاسُ, M كاسُ عزيزٍ auch لبعض أحيانها. — حانيّة wird von den Arabern als Plural von حانٍ angesehen und von حانة, حانوت abgeleitet. M عزيز اسم ملك من الاعناب, Comm. الكاس الخمر وعزيز يريد ملك من ملوك العجم; M sagt حوم sei eig. كثير ، حَوْمٌ und nur des Reimes wegen mit Damma geschrieben; G und Comm. حُوم sei مُخَفَّفُ حَوَّمٍ in der Bedeutung كثير (Alaṣmaʿî); Abû Ǵafar ben naḥḥâs (Flügel gr. Sch. S. 64) bezieht حوم auf كاس d. h. den Wein und sagt حوم von Trauben seien die rothen, vom Wein der dunkelfarbige. Das Suffixum ها kann man auf كاس oder auf اعناب beziehen.

40. G تشفى, M يُشّفى. — صالب fasst V und G als das starke ما قوى وصلب منها, M als das schmerzhafte وجع; nach Hamâsa ٣٢٥, 7 ist es Fieber mit Kopfschmerz. تدويم ist eig. Drehen, Taumeln hervorbringen.

41. V عانيّة. — Es ist abzuleiten von عانة einer Stadt in Mesopotamien (M) womit auch die Marâṣid II, ٢٢٩ übereinstimmen (vgl. Freytag s. v. عانة) — مُدّمّج wird von G M Comm. durch دنّ Fass erklärt; Gauh. = قدَح.

42. M auch تُرَقْرِقُ; Comm. ويقال (viell. تُرَقّق oder تُرَدّ) ترقرق تُصفق وترقّ وقرقتُ الثوبَ بالطيب والثريدَ بالدَّسَم. Hier, sagt d. Comm., beschreibt der Dichter das Glänzen (Perlen بصيص) und dünn Werden des Weines, der sich erst klärt, nachdem verschiedene Experimente mit ihm gemacht worden sind.

43. M مُرَثّوم. — Dieser Vers ist bekannt wegen der Abkürzung von سبائب in سبا, Freytag Darstell. d. ar. Verskunst S. 473, vgl. Chalaf el ahmar S. 321 ff., Fleischer Beiträge zur ar. Sprachk. I, 151. Der Comm. hat folgenden Vers eines Ungenannten

مفدّمة قيرا كأنّ رِقابَها رِقابُ بَنَاتِ الماء فَزّعَها الرَعْدُ

Cod. قرا, wohl gegen قيرا, was zu diesem Zweck gebraucht wird, zu vertauschen, obwohl auch etwas anderes darinstecken könnte: mit Pech verpfropft, als ob ihre (der Kannen) Hälse die Hälse von Wasservögeln wären, die der Donner in Schrecken versetzt hat, d. h. lang ausgereckt. Auch an unsrer Stelle wird die Kanne mit der Gazelle wegen ihres hohen Wuchses und langen Halses verglichen.

44. M أبْيَضُ, V ضَخ. — Das Bild wird fortgeführt: weiss, sagt der Comm., ist die Giesskanne, weil sie von Silber ist, مفغوم stehe hier für فاغم.

45. V عَدَوْتُ M hat in einer Glosse die Lesart,

فقد غَدَوتُ على الحانوت يُصاحبنى بُرزُ الخ

und dazu والحانوت بيتُ الخمّار بُرزٌ عفيف, was damit zusammenstimmen würde, dass M nach V 46 die beiden Verse 55 und 56 folgen lässt, welche aber an jener Stelle einen ganz guten Abschluss bilden. — V erklärt موسوم mit معلوم; es ist gewissermassen: mit dem „prestige“ des Glücks behaftet.

46. V يَسْفِعُنى. — سفع ist eig. schwärzen, einen اسفع machen; was unter andern von der Farbe der Kochsteine Moáll. v. Zuhair V. ٥. steht.

47. Ibn Alʼarâbî liest شاملة bezogen auf, النّار; ähnliche Fälle, wo das genus des Praedicatwortes sich auf einen dem Subject syntactisch untergeordneten Begriff bezieht, kommen auch sonst vor.

48. M يَهْدِى بها = يقدِّمها, V تَتبيّنُ نجابتها.

49. V und M auch عَتَبٌ was V mit عَرَج erkl. — In den Namen der verschiedenen Theile der Pferde halte ich mich an die Tabelle von Ahlwardt in Chalaf el aḥmar S. 235 ff.

50. V فيئةٍ, قَرّان, G und V بها, M auch منظم من نوى قُرّان; Ǵauh. u. غلّ: الغليل النَوى يخلط بالقتّ يُعْلَفُهُ آلناقة قال علقمة غلّ لها ذو فيئة من نوى القران معجوم und am Rande مقذوفة بدخيس النحض غُلّ لها; Comm. hier fehlerhaft. — Mit einem Palmdorn wird das Pferd verglichen M لارهاف صدرها وتمام عَجْزِها وهذا يُستحَبّ فى الاناث ويُستحبّ فى الذُكور انْ تَتِمَّ صدورُها وتَخِفَّ أعجازُها كعصَى النهدىّ اى كانّها عصَى نَبْعٍ فى اندماجِها ومَلاستِها. — Dann wäre نهدىّ ein in der Gegend Nahd wachsender Nabábaum, dessen Holz sehr zäh ist; V erklärt نَهدىّ als = شيخ womit G übereinstimmt; ذو فيئَة ist das wiederkehrende d. h. wiedergekäute und wieder gefressene n. d. Erkl. Mit diesen aber stimmt Ǵauh. in Bezug auf غُلّ nicht überein, V und M fassen es so, dass die Dattelkerne, die zwischen die Hufe dieser Stute kommen, denselben nicht schaden, weil sie gleich hart sind, während Ǵauh. غلّ vom Futter versteht. Ḳurrân nach M in Jemâma vgl. Marâṣid II, S. ٣٩٦.

51. M auch زَجَلَتْ. — Von der Anhöhe dringt der Schall weit.

52. عيثوم fett, fleischig von Kameelen (V M bes. auch von dickfüssigen Elephanten wie in dem Vers von Alachtal:

تَرَكوا أُسامةَ فى اللِّقاء كانّما وَطِئَتْ عليه بِخُفِّها العيثومُ

(Ǵauh., M den zweiten Halbvers). Sie haben beim Treffen Usâma zugerichtet, dass er aussah, als ob über ihn mit seinen Füssen der Elephant gelaufen wäre (nach Ǵauh. der weibliche El.)

53. V شعاميم = طوال, Ǵauh. kennt nur die Form mit ع; زغم V ist das leisere Blöcken junger Kameele.

55. V und M أقواما M auch تشخيم. — Wenn der Reisevorrath als grün bezeichnet wird, so hat man an schlammig gewordenes Wasser und mit Schimmel überzogenes Fleisch zu denken.

56. G V und auch M lesen كُلِّفَةُ M auch activ; V مُعقّبٌ قِدْحٌ مشدودٌ بالعَقب vgl. dazu معلّب III, 37. مقروم ist n. d. Erkl. der Pfeil, das Loos, in den man gebissen hat, um ihn als den glücklichen zu bezeichnen, vgl. über dieses Spiel und die dabei gebräuchlichen Ausdrücke Freytag, Einleitung S. 172 ff.

57. G und V (auch Glosse zu M) يخيّلِ قدْ, M und V كُلّ ما G كلّما. Er meint: selbst wenn man um sehr kostbare Dinge, wie Pferde spielt, bin ich dabei, ob man auch, so oft man spielt, die Gefahr grosser Einbusse läuft; einer muss verlieren, ein anderer gewinnen.

Die Reihenfolge der Verse in M ist: 1—9, 11—15, 10, 16—23, 25, 24, X, 26 — 30, 33, 31, 32, 35, 34, 36 — 45, 55, 56, 54, 46 — 51, 53, 52. — V: 21, 23, 22, 24.

III.

1. G liest auch فى غير; V غير aber im Comm. ist nur von كلّ die Rede; كلّ ausserdem H I. Comm.: Du hast alle möglichen Gründe aufgesucht, dich von ihr zu entfernen; vgl. Chalaf el aḥmar von Ahlwardt S. 43.

2. V auch للَيْلَى im ersten Halbvers mit لام للتعجّب. Er meint: damals standen wir einander so nahe, dass wir gar nicht an Trennung dachten; mit dem „sie“ ist der Stamm seiner Geliebten gemeint. Ueber die beiden Ortsnamen vgl. die Marâṣid II, ١٢ und ٣٠٦.

3. انضاء حليها ist der feinere Schmuck wie Ohrringe und Halsketten (V G) vgl. zu diesem Verse V, 3; Nâbiga XIII, 9; XXIV, 6. صاحة ist nach Ǵauh. ein Berg.

4. G scheint قَلَقَىّ zu lesen. — Comm. من (Cod. الشدر) المَحال الشَّذْرُ الذهَب يُصاغ على هَيْئة صدورِ الجَرادِ ويُحشَى مِسْكا والقلعىّ جنسٌ مِنَ اللّؤلؤ. Diese Bedeutung von قلعىّ finde ich sonst nirgends; vielleicht wäre es besser لُؤلُؤ

zu lesen; die ganze Beschreibung des Schmuckes, und wie Perlen mit Crocus gestopft werden, ist mir etwas unklar.

5. V رَسَّ الحَبَّ und رمس wohl am ehsten als „Verbergen“ zu fassen, erklärt durch ثابتة (welche Lesart freilich zu راسى passt); vgl. Kâmil p. ٢٢, 13 zu den Angebern.

6. V بابْد mit einem sehr starken Punkte unter dem zweiten b; vgl. zu diesem Vers I, 7; V hat hier رَبَعِيَّةً. Ueber ابر vgl. Jâkût I, ٢١٩; über شُرْبُب (sic) Marâṣid II, 101.

7. Ahlwardt a. a. O. schreibt أطَعْتُ, während beide Cod. die erste Person haben; (in G ist das ׳ mit rother Tinte). V انهجت = اخلقت (Cod. اختلقت) vgl. zu dem Vers ʿUrwa ibn Alward von Nöldeke I, 10.

8. Vgl. zu dem Versprechen des ʿUrḳûb Meidani proverbia Bd. I, S. 455; Ḳâb ben Zuhair ed. Freytag S. 8 ff.; additamenta ed. Rasmussen p. 80. — موعود wird hier ganz als nomen verbi behandelt. — Bezeichnend ist die zweite Erklärung des Comm., ʿUrkûb sei ein mit Wolken bedeckter Berg, der dem ihm gegenüberliegenden immer Regen verspreche, aber nie schicke.

9. V يَعتَلِلْ, يَبتَحِل; der Vers steht bei Slane, diwan d' Amr'olkais S. ٢٣, 8; V hat dort فَإنْ يُكْشَف. —

10. V يستفزّنى, G erklärt es mit يقلقنى (يُقَلِقنى). — Der Dichter sagt: Wenn du so geizig sein willst, so gehe zu deinen Leuten zurück.

11. Comm. الادم جمع ادماء وهى ظِباء طِوال الاعناق بِيض البطون سُمر الظّهور. — Von dem ارك Cissusbaum werden die Früchte sehr oft genannt: كَباث, بربر, عُنّاب, بَشَام vgl. Nâbiga XXIV, 7, 8. — حُلَّب nach Ǵauh. eine Graspflanze, die Milchsaft enthält; sie ist staubfarbig grünlich, und wird auch zur Gerberei verwendet. — بيشة (nicht بَيشة V) oft genannt, vgl. Jâkût I, ٧٩١.

12. G مُخبَّب; V مُخْبَب; G erkl. المسرع بالنميمة, Comm. leitet es entweder von خبّ ab, oder (wie G) von خَبَب; بها يوصالها; آيات sind die Anzeichen, womit sich der Angeber Glauben verschafft.

13. G مآوب in dem entsprechenden Vers von Imruulḳais ٢٣, 15 مـآوّب; V überall مَـآوِّب; der Comm. ومآوب بالفتح والكسر عن الاصمعى فمن كسر الراو فمعناه النهارُ يَؤوبُ (Cod. يؤب) صاحبُه اى يردّه (l. يمدّه) مع الليل بعد سَيْرِ(?) فيه (Cod. يؤب) ومن فتح فمعناه يَؤوبُ. Im Comm. zu jenem Vers des

Imruulkais هو الذى يَمُدّ السيرَ حتى يبلُغَ فيه الى ما يرادُ. — Vers 13 und 14 spricht natürlich wieder der fingierte Reisebegleiter vgl. Chalaf el aḥmar S. 44.

14. Zu شملّة vgl. Ḥamâsa ٣٢٥, 10; كهمّك klingt an I, 11; das Lasttragen an Imruulkais ٢٢, 3, an.

15. V ضَربْتَ; Comm. الصولة الزَجْر; Comm. ترقّب ترقّبا شديدا.

16. G etwas unleserlich; ich lese بمَحْجِرها; es könnte aber auch ein Punkt zu viel sein und لمحجرها gelesen werden; in der entsprechenden Stelle von Imruulkais ٢٢, 8 hat V auch بمحجرها. Vor diesem Worte steht bei ʿAlḳama in G etwas, das wie و aussieht und darüber ein kleines معا. — Er schildert hier eine Frau, die sich selbst schmückt und daher im Spiegel beschaut.

17. Imruulkais ٢٢, 11; Comm. اذا رفَعتِ الناقةُ ذَنَبَها وضربَتْ به يمينًا وشِمالا وهو مَعْنَى تشذّرت حَسَبتَه عِثْكالا وذلك الكثرة فروعِه وغَزارةِ شَعْره.

18. V تَمِرّةٌ, المهذّب im Comm. mit د; der Vers klingt etwas an V. 32 an. Comm. تذبّ به اى بذنبها اى تحرّكه; der welcher eine frohe Botschaft zu überbringen hat, winkt schon von weitem den Leuten (Comm.); تُفعّلة = تمرّة (?)

19. G وكناتها; auch Lesart von V; Imruulkais ٢٢, 1 (vgl. Muʿall. v. 52) وُكَراتها.

20. Nicht in V; Imruulkais ٢٢, 2 und Muʿall. V. 52.

21. G scheint راف zu lesen; مجلب; V لبانَهُ. Ueber den Vers spricht Ahlwardt in Chalaf el aḥmar S. 230 und 379. Comm. الغوج الواسع جِلد الصدر وهو من عَلامات العِتق يقال فرس غوج موج يموج جلد صدره لسعته; والمجلب الكثير النَفْث والرقّى; بريم ist die Schnur, woran die Amulete befestigt werden; Alaṣmaʿî will es auch durch Gurt des Pferdes (حزام?) erklären.

22. Nach Ǵauh. habe ich das أُرْجُوان beider Handschriften verbessert; er meint hier damit ein Kleid von dieser Farbe, (Comm.).

23. V جانب vgl. Imruulkais ٢٣, 4; Comm.: يُريد انّ الفرسَ شديدُ اللحم حَبْل املسُ منسوبٌ الى قرية بالشام يقال لها اندرين: اندرىّ zu; املسُ الجلد. Er meint die Strammheit und die Härte des Fleisches des Rosses; ganz so steht es Nâbiġa bei Chalaf el aḥmar S. 350, v. Jâḳût I, ٣٧٣, hat nichts von dieser Anwendung. In V steht deutlich مُمَرٌّ; man könnte sonst auch sehr gut noch den Genitiv lesen.

24. V يَعْرِفُ ,جِرّتان; vgl. Imruulkais ٢٣, 9.

25. V مُلَعَّبُ; الهضبة صخرة. Glatt ist der Rücken des Pferdes, weil er fett und fleischig ist. Vgl. Chalaf el aḥmar S. 225. هواء siehe Zuhair XI, 18 (G fol. 62 a) cit. im Kâmil III, ١٨٨, 7.

26. G über سند: كاهل was V im Text hat; im Comm. erscheint zweimal حارك, so dass dieses eine dritte Lesart ist. — Ueber قطاة vgl. Chalaf el aḥmar S. 273; كردوس n. d. Comm. einer von den Wirbeln des Widerrists und überhaupt jeder grosse fleischige Knochen. مذأّب G und V = موسع (l. مُوَسَّع) — Der zweite Halbvers bei Imruulkais ٢٣, 13.

27. V مركب; auch G hat die Lesart; es wäre dann als Inf. zu fassen vgl. Calc. Ḳâm.. G كل; V كُلّ was geändert werden muss. — Comm. كُلّ طريقٍ سَهْلٍ أم صعْب (l. بها (يغشى بعسى فهو الشظَى عنتِ من سلِم.

28. وارسات ist jedenfalls als حال im Acc. zu lesen; im Nom. müsste es den Artikel haben, weil حجارة determ. ist; vgl. Chalaf el aḥmar S. 275, Imruulḳ. ٢٣, 6. Die Hufe werden ihrer gelben Farbe und ihrer Härte wegen mit solchen Steinen verglichen vgl. II, 15.

29. V تُنادى; مِنْ بعيـد الاراكب Comm. ثقةً منّا بالركوب. وننادى من بعيد بالفرس لعلمنا ان الوحشَ لا يفوتُه. Der Vers ist mit dem folgenden zu verbinden. Wegen dieses Verses soll nach Iskender Aġa Umm Ǵundub ʿAlḳama vorgezogen haben (vgl. Kitâb ulagâni); der erste Halbvers lautet dort freilich اذا ما اقتضينا لم نُقَدِّهُ بجنّة; wozu er sagt فقد ذكر انّه جاهر الصيد مجاهرةً.

31. G مستعملا. — Er meint, man werde auf der Jagd mit diesem Pferde sich bald wieder Unterhalt verschafft haben, weil es so schnell und ausdauernd ist.

32. V المَلاء; المُهَذَّب im Comm. مهدب vgl. Muʿall. v. Imr. V. 63 und Diwan ٢٣, 16. Sehr verdorben steht der Vers in dem Carmen de vocibus tergeminis ad Qutrubum relatum ed. Vilmar S. 46. — شاة ist hier der Büffel; Comm. zu Imruulḳ. شبّه البقَر وما يعلوها من البياض بعذارى عليها ملاحفُ بيض.

33. V تمارِينا; وشَدَّ عِذارَهُ; كالتَّخبان. — Er vergleicht die hinter einander drein laufenden Büffel mit durchbohrten Perlen an einer Schnur vgl. Imruulkais Muʿall. V 64(?).

34. V وَٱتَّبَعَ; المتحلّب vgl. Chalaf el aḥmar S. 120. — Es scheint mir zwischen 33 und 34 ein Vers des Inhalts von Imruulḳais ٢٣, 18 ausgefallen zu sein; sonst schwebt das اتبع ziemlich in der Luft. Vgl. Agâni.

35. Chalaf el aḥmar S. 126 مسترعب; مسترغَب القدر erklären V und G mit خطو واسع; Für diese Bedeutung von رغب machte mich Herr Prof. Fleischer auf Lane arab. Wörterbuch III B. S. 1111 رغب IV aufmerksam.

36. V liest neben تخلّله (G) in der Bedeutung دخل بينه, auch تجلّله bedecken, umfassen; منقّب = مستخرج (Comm. und G) wohl nur Schreibfehler für das Activum. Das Suffixum von تجلّله kann sich nur auf فار beziehen; es wäre vielleicht besser es auf جدد in Vers 35 zurückzuführen; vgl. Imruulḳais ٢٥, 2.

37. Imruulḳais ٢٥, 4 und die Anmerkung. Auch hier wäre es besser die unbestimmte dritte Person auf einen genannten غُلام zurückführen zu können.

38. V فكاب; حَرّ; G auch بمدرية. — Comm. مِشعب إشْفَى Imruulḳais ٢٥, 5.

39. G تَيّس (sic) V بَيّن, spricht aber im Comm. nur von تيس, ebenso كالقصيمة!, im Comm. aber والهشيمة الشجرة البالية. — Imruulḳais ٢٥, 3; ٢٦, 3, und Muáll. V 66. (Ǵauh u. d. W. عدى).

40. Imruulḳais ٢٥, 6 und ٢٦, 6.

41. حانذ ist nach d. Cómm. auch der Braten; das ب dabei stehe in der Bedeutung von مع, ob man es nun als Gebratenes oder Bratender fasse; الى steht ganz prägnant.

42. Imruulḳais ٢٥, 10 und die Glosse dazu.

43. V عَدل; G auch دِرّع, Imruulḳais ٢٥, 12; ٢٦, 8.

44. Imruulḳais ٢٥, 13.

45. V وَرُضّنا; الجَنّاب; قُلوصنا. — Comm. شبّهه بالحَيّة لانعطافه وتثنيته. Er meint: Nun reitet der Jäger auf dem Kameel nach Hause, und führt das ermüdete Pferd am Zügel, aber dieses springt etc. G الحباب القود; Comm. القياد; المسيّب الذى يَنسابُ.

IV.

1. Metrum Sarî', Freytag, Darst. der arab. Verskunst S. 245; es fehlen aber im ersten Vers einige Sylben. Der Vers, sagt der Comm., finde sich in allen Exemplaren verkürzt: er habe versucht, hn herzustellen. Ob nun Abu Bakr wenig von Metrik verstanden, oder ob der Abschreiber, der in den corrigirten Vers nur عن شاسا (sic) statt عنه aufnimmt, fehlte, will ich nicht entscheiden, sondern mein Unvermögen, ihn zu ergänzen, bekennen. Bei دفع III kann man wohl auch an die Bedeutung von دفع denken, die es häufig in der Vulgärsprache hat (دفع ديونه er hat seine Schulden bezahlt; Tantavy, traité de la langue arabe vulgaire S. 24).

2. مقرّنين erklärt G mit مغلولين V مكبولين;

3. Merkwürdig ist die Veränderung des ersten Fusses beider Vershälften in den Choriambus, wenn man nicht mit V in der zweiten Hälfte قلّتْ lesen will. Comm. يقول رأيت لوقع السيوف كشَرَر النّارِ.

4. Comm. ابن جفنة هو الحرث وهو من بنى جفنة والعقد جماعات من الناس (so auch G).

5. V النّهكة, عَنَّى; letzteres steht n. d. Comm. hier von dem, der getödtet wird und رشد von dem, der siegt, vgl. غىّ Sûr. ١٩, 60 Baiḍâwî I, S. ٥٨٣. Comm. والبادى هنا السابق المتقدّم والنهكة القتل والايقاع الشديد. Er beschreibt hier noch die Schlacht, worin die Angehörigen seines Stammes gefangen wurden.

V.

1. Ṭawîl; G المتفقّد الرقيب.

2. V يتحدّرُ الدّمعُ; G يتحدر الدّمعُ; Comm. البريمان اللونان المختلفان d. h. die schwarze Farbe der Augenschminke und die weisse der Thränen.

3. Comm. قوله فردت له اى نظمت. Vgl. Ṭarafa Muàll. V. ٦. Ich schreibe فرّد als Denominativum von فريدة.

VI.

1. V المَكاوِزُ Comm. والمكاوِز حَىّ من مدحج; G مَكاوِز und dieselbe Glosse, aber man findet diesen Namen nicht, und er möchte vielleicht in مكارز zu vertauschen sein. Sie wünschen, in Naǵrân zu sein, um den Leuten ihre Schafe zu nehmen: مُوَقَّر ist von den Schafen وقير, was مؤبّل von den Kameelen, d. h. die, welche man frei laufen lässt.

2. G اسْعَدِيا; V أغيسْ. تاجِر heisst nach Ḳâmûs (Glosse in G) und Ǵauh. jeder Sommermonat, wie جُمادَى nach Nâbiga VI, 20 (Comm. V) von jedem Wintermonat gesagt wird. G مسفر mit rothem Kesre unter dem Mîm, V مُسْفِر wie G = قوىّ على السفر.

3. V خُذُنَّة: Marâṣid I, ٣٩٢ nur خُذُنَّة. G scheint معتّر zu lesen. Comm. und G المعتّر ما ذُبِحَ للعتّر وهو صَنَم.

4. G المذمّر, V المُزَمِّر Er rühmt den Rest des Stammes Tamîm und vergleicht ihn mit einer grossköpfigen Eule; مذمّر ist nach G موضع العَصَبين فى القفا, nach V كاهل.

VII.

1. V يبَلِّغ Comm. ويروى الا رجل. Zu حلا, حلوان citiert Ǵauh. diesen Vers; vgl. Kitâb ulischtiḳâḳ von Ibn Duraid ed. Wüstenfeld S. ٢١٣ فمن راكبٌ etc.

2. G يُغنِى; G شبوة شدّة Comm. النذير الانذار; بَدِىّ Jâḳût I, ٥٢٨. Er meint nach dem Comm. die Tamîm, welche fern sind.

3. V تَجْعَلُ الرمل. — Comm. Mache, dass der Sand zwischen sie (die Herden) und zwischen das feindliche Heer komme. ومَن جهل الانذارَ مِن غير تميم فهو فى الهزاهز . . . . والهاء فى جاهله عائد على النذير

4. Das Heer wird oft beschrieben als die Thiere der Wüste aufscheuchend mit seiner Wucht und seinem Glanze, vgl. Nâbiga IX, 12. Die مناقل werden als منازل erklärt; sie sind roth, n. d. Comm. wegen des vergossenen Blutes von dem geschlachteten Vieh.

5. V أَصَمَّ كلّ مَوِيَّة; G unleserlich. H. Prof. Fleischer liest مُوَيِّه, da es in G und V = داع sein soll. مُهيب ist ebenfalls der, welcher den

Kameelen zuruft. صواهله G = خيله Er will sagen: Menschen und Thiere werden stumm vor Schrecken, wenn dieses gewaltige Heer, (das ja eines der grösten in der Zeit vor dem Islâm gewesen sein soll Ibn Alaṯîr I, ٣٦٦, Z. 5) anrückt.

6. Vgl. Nâbiga IX, 3. Comm. قال ابو بكر قَوْلُه فلا اعرفن سبيا إنّما ذكر ابا قابوس أنّه بلغه أنّ بنى تميم اغار على (وعل Cod) ابل له فجمّع لهم فبلغ ذلك بنى تميم فألحقوا ابلهم ونساءهم بالرمل وتأهّبوا له فرجع عنهم فلذلك قال لا اعرفن سبيا اى لا يكونوا بمكان يسبون فيه ويمكّنون (يتمكنون Cod) ثديّهنّ (ثديهم Cod) من مُعرض لا يُواصِلُ صهرَه اذا قَدَرَ عليه فكيف لمَن ليس له بصهر. — Mit dem letzten Halbvers wird überhaupt ein roher Mensch geschildert; man denke hier an einen Markt, wo die Gefangenen als Sclaven verkauft, und wobei die Brüste der Frauen zur Schau gestellt wurden. — V liest ausdrücklich activ يَمُدّ ثديّه, das Passiv wäre besser.

VIII.

1. G جَرَرتُ. — Comm. الطلّق والطليق المستنشر المتهلّل والهَشّ الجواد يَهَشّ الى المعروف; مِسْعَر ist hier das Holz, mit dem das Feuer gelöscht wird, wenn der Braten gar ist.

2. Comm. يقول جررت له الشواء من هذه البازل وسُقته اليه وقوله يَجُرّ (تحل Cod) فضل الميزر يقول أعجلَه حِرصُه على عقرها عن شدّ إزاره ويكون أيضه من الخُيَلاء (الحبلا Cod) مثل قول طَرَفة

ثمّ راحوا عَبَقُ المسكِ بهم يُلْحِفون الأرضَ هُدّابَ الأُزُر

(Ramal, die erste Vershälfte ist aus Cod. G fol. 70[b] Ṭarafa II, 44 entnommen). Darauf kehrten sie zurück, von Moschusaroma duftend, auf dem Boden schleppend die Franzen der Gürtel; فضل المئزر Mufaṣṣal S. 10, Z. 14. und Kâmil Heft I, S. ٧٢, 3.

3. Glosse zu G رفعت حشّتها على السير

IX.

Dieses Bruchstück steht nur in G; Metrum Basîṭ.

1. يَنانُ; (viel. يَنّانُ) nach Jâkût I, ٧٢٠ in بُنان verbessert. Die zweite Vershälfte bietet vorn ein Beispiel, dass die Dichter ein

Verbindungsalif als Trennungsalif gebrauchen können; in der Handschrift steht deutlich آل; vgl. Freytag, Darstell. d. arab. Versk. S. 516.

2. Cod. تهبط. — Die Zaid Manât sind wie von den Hirten verlassene Schafe.

3. Der Dichter scheint selbst zu dem von den Banû Nahschal beschützten Stamm zu gehören, nach deren Weggang er keinen Beschützer mehr hat.

X.

Das Gedicht geht jedenfalls auf die Schlacht von Uwara (II) Caussin II, 122 und bes. Ibn Alaṯīr I, ٣٠٩ ff. vgl. Kāmil Heft II S. ٩٨.

1. Ibn Alaṯīr (٣١٠) نُجَنِّبُهَا, und auch قطايطا; G und V قطايطا; aber Comm. وقوله قطائطا يريد سراعا يقال يقطقط فى اثارهم اى يسرع. Wir nahmen, sagt er, die Pferde von der Frühlingsweide, wo sie kräftig geworden waren, und konnten ihnen desto mehr Anstrengung auferlegen.

2. V يُزِلّ الماء vgl. Muáll. von Imruulkais V. 54 und die Lesart. Comm. يزلّ يسقط والماء العرق والغول البعيد والغائط المُطمئن من الأرض وبطين بَعيد

3. V يحُتُّ. — Comm. خوابطا ist Acc. des ḥāl, und bedeutet, dass die Haut der Pferde von den Peitschenschlägen Striemen bekommt; G = ضاربة بايديها. — Das trockene des Schweisses ist wohl das, was sich beim Schwitzen von Staub u. a. ansetzt und dann eine Kruste bildet.

4. هُبَيْمَى Marâṣid III, ٣٣٠, muss hier mit Alif mamdûda gelesen werden, wie es auch in G steht, wenn man nicht mit V مُقَصّرا lesen will. V الجُهد. Ich weiss أدرك nur auf den Anführer des Heeres, 'Amr zu beziehen. Comment. المقصر العشىّ.

5. G und V das zweite mal أَصْبَنَ; Ibn Alaṯīr das zweite mal الواصبين was auch einen guten, aber in den Zusammenhang weniger passenden Sinn giebt, da Milkaṭ sich durch die Flucht der Rache 'Amrs entzieht (Caussin de Perceval II, 121 ff.)

6. Der Comm., hier lückenhaft, sagt, der erste Halbvers sei badal zu والشفاء, ذَوقهم الشرّ شفاء; er vergleicht die beiden ersten Verse der Ḥamâsa. Das قدّموا klingt halb ḳoranisch (Sûre II, 89 u. öft.).

7. Hier ist wieder ein Beispiel von der uneigentlichen Setzung eines Particip. act. statt zu seinem nomen zu einer näheren Bestimmung wie لَيْلٌ نَائِمٌ etc. Der erste Halbvers Ibn Alaṯīr I, ٢٥٠, 10.

XI.

Nach der Ueberschrift bei V schreibt Ibn Assīrāfî dieses Gedicht dem Châlid ben ʿAlḳama zu.

1. Die beiden ersten Verse Ḥamāsa S. ٥٢٣, u.

2. V auch يَقْصُرُ, wie auch Gauh. u. d. W. نجد; in einer Randglosse schreibt er den Vers dem ʿAḳīl ben ʿAlḳama eddārimī zu, أَنْجَدَ. — Comm. يقال فلان طلّاع انجد اذا كان معروفا بالافعال الكريمة vgl. Kâmil II, ١٢٨, 18; III, ٢١٥, 14; ٢١٨, 1.

3. Hier geht ein Riss durch das letzte beschriebene Blatt von V, doch sieht man noch أَقْطَعَ. Glosse zu G جفن غمد; المسرّد لمحكم; Vers 3 und 4 stehen in keinem Zusammenhang mit 1 und 2.

4. G الخلّ الطريق فى الرمل وَثَنِّين فترن; G scheint متجرّد z. l. Das tertium compar. liegt wohl in der Ermüdung und Erschlaffung in Folge der Anstrengung.

XII.

1. V الزِّبْرِقَان, G vocallos. — Comm. Der Dichter Zibrikan hatte ein Gedicht gemacht, worin er seinen Vetter beschrieb. دمل ist hier das erste mal so viel als رِفْق, مُلاطفة.

2. V وَجَبِيرٌ, G احالت اتى عليها حول (Comm. fügt bei وهى تعالج). Er meint, der Schaden heile eben innen nicht.

3. V وَقُرٌ — In diesem Vers ist ein Zeugma, da das Abschneiden nur auf die Nase passt; der Comment. führt dazu das gewöhnliche Beispiel an, vgl. Kāmil Heft III S. ٢٠٩ u.; vgl. auch Baiḍâwî zu Sure XXXIII, 17 etc.

4. V براثنة. Mit dem Bösen ist hier natürlich der Neid gemeint.

XIII.

1. Metrum Basîṭ. G لى, V بى.

2. Die Araber begraben auf Hügeln, damit die Gräber vor Wasser geschützt sind und den Reisenden ins Auge fallen, Comm.

3. G معتجرا. V mit Kesre; da es aber حال zu ثوب ist, so ist das Passiv besser. Das langherunter Hängenlassen und Herabwallen des Gewandes ist das directe Gegentheil von شمّر; das Umwickeln des Kopfes wird meist von den Weibern gesagt, Comm.

4. G im Text مركب (Glosse جيش), am Rande als Lesart موكب. عادية nach G und Comm. eine Schaar Fusssoldaten.

5. Comm. واضح الاقراب يعنى الصبح واقرابُه نَواحيه.

6. طاوية ist eine vor Durst mager gewordene Kameelinn; sie wird früh zur Tränke geführt, weil dann das Wasser kühl ist, Comm.

7. V للخَمس. — Comm. Wenn die Kameele, vom starken Lauf zusammenfallen und mager werden, wird ihnen der سناف angebunden, damit der Sattel nicht hinten herunterrutsche. Der „glänzende Stern" ist der Morgenstern, die Venus. منحور مقابل.

8. Der Vers sieht 5 sehr ähnlich; ob vielleicht unächt?

9. G اولاة, V آلآة; n. d. Comm. lesen einige auch كِبّرة in derselben Bedeutung wie mit Ḍamma.

XIV.

Dieses Bruchstück steht nur in V fol. 167ᵇ. —

2. Cod. آل أمرُ; dass الجواد als صفة im Nominativ stehe und zu زياد gehöre, bemerkt der Comm.

4. Cod. خَلَقْتُ; الحجيج.

5. Das ل dieses Verses leitet n. d. Comm. nicht den Nachsatz ein, sondern bereitet ihn nur vor (تَوطئة). zu der Redensart ابلعة ريقة; vgl. Séances de Hariri II ed. p. 19, Z. 3 نشف ريقة.

6. Comm. er meint den niedrigsten, verworfensten Sklaven اسعتبن = التَّهيَنّ.

والزِبْرِقانُ بن بَدرٍ[1] السعدىُّ والمُخَبَّل وعمروُ[2] بن الأهتِم الى ربيعةَ بن[3] حُذار[4] الأسَدىِّ فقال أمّا أنت يا زبْرقانُ فإنّ شِعرَكَ[5] كلحْمٍ لا أُنْضِجَ[6] فيُؤكَلَ ولا تُرِكَ نِيأً فَيُنتفعَ به وأمّا أنت يا عمروُ فإنّ شعرَكَ كبُرْدِ حِبَرَةٍ يتَلألأُ فى[7] البَصَر فكلّما أعَدتَّه نقَص وأمّا أنت يا مُخَبَّلُ فإنّكَ قَصَرْتَ عنِ الجاهليّة ولم تُدركِ الإسلامَ وأمّا أنت يا علقمةُ فإنّ شِعرَكَ كمَزادةٍ قد أُحكِمَ خُرَزُها[8] فليس يقطُرُ منها شئ

اخبرنى محمّد بن الحسن بن دريد قال حدّثنى عمّى عن العبّاس بن هِشامٍ عن أبيه قال مرّ رَجلٌ من مُزينة على بابِ رجُل من الأنصارِ يتَّهَمُ[9] بامرأته فلمّا حاذى بابَه تنفّسَ ثم تمثّل

هَلْ ما علِمتَ وما استودعت مكتوم
أم حبْلُكَ إذ نأتكَ اليومَ مصرومُ

فعَلِقَ[10] به الرجلُ ودفعه الى عُمَرَ فاستعداه عليه فقال المتمثِّل وما علىّ فى[11] أنْ أنشدتُ بَيْتَ شِعرٍ فقال له عُمَرُ رضِىَ الله عنه ما لكَ لِمَ[12] تنشده قَبْلَ أن تبلُغَ بابَه[13] ولكنّكَ عرّضتَ[14] به معَما تَعلمُ[15] من القالة[16] فيكَ ثم أمَرَ به فضرِبَ عِشرين سَوْطا

1) والمخبلّ فى الشعر K. 2) بن عمرو E. 3) بنت E; 4) حذار K; حذام E, حدار C; جدار A. 5) فشعرك F immer. 6) ينضج, يترك K. 7) فيها E; فيه A. 8) Cod. خرزها; خررها A D. 9) Cod. يتهم. 10) فتعلّق B C D. 11) fehlt K. 12) ان E. 13) الى بابه K. 14) عرضته K. 15) تعلمه F. 16) من النسا له فيك.

فَلِلسَّوْطِ(1 أُلْهوبٌ وللساقِ دِرَّةٌ
وللزجْرِ منه وقْعُ أَهْوَجَ(2 مِنْعَبِ(3

وانشدها(4 علقمة قولَه

III, ١. ذَهَبْتَ من الهِجرانِ فى غيرِ(5 مَذْهَبِ

حتّى انتهى الى قوله

فأَدْرَكَهُنَّ(6 ثانيًا مِنْ عِنَانِهِ
يَمُرُّ كَمَرِّ رائِحٍ(7 مُتَحَلِّبِ

فقالت له علقمةُ أشعرُ منكَ قال وكَيفَ قالت لأنّكَ زجَرتَ فرسَكَ وحرّكتَه(8 بساقكَ وضربتَه بِسَوطِكَ وأنّه جاء هذا الصيدُ(9 ثم ادركَه ثانيًا من عِنانه فغضِبَ امرؤ القيس وقال ليس كما قُلتِ ولكنكِ هوِيتِه فطلّقَها فتزوَّجها علقمةُ بعدَ ذلكَ وبهذا سُمّى(10 علقمة الفحلَ

اخبرنى عمّى قال حدّثنا الكِرانىّ قال حدّثنا العُمَرِىّ عن لَقيط قال تحاكَم علقمةُ بن عبدةَ التميمىُّ

---

1) سوط und زجر ungest. I. 2) اَخْرَجَ مُهْذِب H, dass. ohne Vocale A I. اخرج ملهب C. ركض اخر مهذب F. 3) ملعب E. 4) Vorher bei K وهى طويلة فلمّا انتهى منها قال علقمة. 5) كلّ H. 6) فادرك منه K. 7) الرايح المتحلّب G H I. Der Vers steht nicht so im Diwan vgl. V. 34, vgl. Diwan d'Amro'lkais ed. Slane S. 80. كغيث رائح Münch. und F. 8) Cod. حركته. 9) للصيد K; جاهد A, جاهدا الصيد C vgl. III, 29 Anmerk. viell. جاهرا. 10) وبها لقب Münch.

هٰرونُ بن محمّد بن عبد الملك عن حمّاد بن إسحاقَ قال سمِعتُ أبى يقول سرَقَ ذو الرُمّة قولَه

يَطفُو[1] اذا ما تَلَقّتْه[2] الجراثيمُ

من قولِ العجّاج

إذا تلقّتّه[3] العقاقيلُ طفا

وسرقه العجّاج من علقمة بن عبدة فى قوله

يطفو[4] اذا[5] ما تلقّته[6] العقاقيل

اخبرنى عمّى قال حدّثنا الكِرانىّ قال حدّثنى العُمَرِىّ[7] عن لقيطٍ[8] واخبرنا احمد بن عبد الغزيز قال حدّثنى عُمَر بن شَبَّةَ قال حدّثنى ابو عبيدةَ قال كانت[9] تحتَ امرئ القيس امراةٌ من طيّءٍ[10] تزوّجها حِين جاوَر فيهم فنزَل[11] به علقمةُ الفحل بن عبدة التميمىّ فقال كلُّ واحد منهما لصاحبه انا أشعرُ منكَ فتحاكَما اليها فأنشد اُمروُ القيس قولَه

خليلىّ مُرّا بى على أُمّ جُنْدُبِ[12]

حتّى مرَّ[13] بقَولِه

---

[1]) تطفو D. [2]) تلغتم E, تعلقته A, تلغته D, [3]) تلغّته E. [4]) تطفو B, D. [5]) ذا F. [6]) تلغّته E. Der Vers steht nicht im Diwan. Dieses ganze Stück fehlt K. [7]) viell. عَمْرىّ. [8]) fehlt F. [9]) Hier beginnt K wieder. [10]) يقال لها امّ جندب K. [11]) فقدم عليهم F. [12]) Diwan S. ٢٣, 1. [13]) انتهى الى قوله F K.

خلَفَ على امْرَأة امْرِئ القَيْس لِما حكَمتْ له على امرئ القَيس بانّه أشْعرُ منه فى صفة فرَسه فطلّقها فخلفه[1] عليها وما زالتِ العربُ تسمّيه بذلك قال[2] الفَرَزْدقُ

والفحلُ علقَمةُ الذى كانت له
حُلَلُ الملوكِ كلامُه يَتنخّل[3]

اخبرنى عمّى قال حدّثنى النضر[4] بن عمرو قال حدّثنى ابو السَوّار عن ابى عبيد[5] الله مولَى إسحاقَ بن عيسَى عن حَمّادٍ الراويةِ كانت العربُ تَعْرِضُ اشعارَها على قُريشٍ فما قبِلوا منه[6] كان مقبولا وما ردّوا منه كان مردودا فقَدم عليهم علقمة بن عبدة فانشدَهم قصيدتَه التى يقول فيها

II, ١ هل ما علِمتَ وما استودِعتَ مكتومُ

فقالوا هذه[7] سِمط الدهر[8] ثم عاد اليهم[9] العامَ[10] المقْبِل فانشدهم

I, ١ طحا[11] بكَ قلبٌ فى الحِسان طَروبُ
بُعَيد الشَباب عصرَ حان مشيبُ

فقالوا هاتانِ سِمطا[12] الدَهر اخبرنى الحَسن بن علىّ قال حدّثنى

---

1) فخلعه B D. فخالفه F. 2) قال — حمّاد fehlt K. 3) مسجل F, يتنحّل A. 4) نضر C. النصر F. 5) عبد F. 6) منها F beidemal. 7) هذا Münch. 8) الذهب A. 9) عليهم K. 10) فى العام F K. 11) طما E. 12) سمطا الذهب A B.

معها[1] حظُّه فقال له يا بكرُ لا تَلقَ الملكَ بثيابِ سفَرِك ولكن تأهّب لِلِقائه وادخلْ[2] اليه فى احسنِ زينةٍ[3] ففعل بكر ذلك وسبَقه زيد مناةَ الى الملك فسأله عن بكر فقال ذلك[4] مشغول بمغازلة[5] النّساء والتصدّى[6] لهنّ وقد حدّث نفسَه بالتعرّض[7] لبنت[8] الملك فغاظه ذلك وامسكَ عنه ونمى الخبرُ الى بكر بن وائل فدخل[9] الى[10] الملك فاخبره بما دار بينه وبين زيد مناة وصدّقه عنه واعتذر اليه ممّا[11] قاله فيه عُذْرا قبله[12] فلمّا كان من غدٍ اجتمعا[13] فقال الملك لزيد مناة ما تُحِبّ ان افعلَ بك فقال لا تفعل ببكر شيئًا الّا فعلتَ بى مثلَه وكان بكر اعورَ العين اليمنَى قد أصابها ماء فذهب بها[14] فكان لا يَعلم مَنْ راءه أنّه اعور فاقبلَ على بكر بن وائل فقال له ما تحبّ ان افعل بك يا بكرُ فقال[15] تفقأ عينِى اليمنَى وتضعف[16] لزيد مناة فامر بعينه العَوراءِ ففُقِئت وامر بعينَى زيد مناة ففُقِئتا فخرج بكر وهو اعور بحاله وخرج زيد مناة وهو أعمَى واخبرنى بذلك محمّدُ بن[17] الحسَن بن دُريد[18] عن ابى حاتم عن أبى عبيدةَ ويقال لعلقمة بن عبدة علقمةُ الفحلُ سمّى بذلك لانّه

---

1) معهما B, C, D, معه F. 2) واذهب A. 3) هيئة K. 4) ذاك F. K. 5) بمنازلة E. 6) والتصدّر K. 7) fehlt C; بالتصدّر K. 8) ببنت E, F. 9) ودخل Münch. 10) على K. 11) عمّا E (A, B, D?) اليه فغاظه ذلك فلمّا كان K. 12) قبله فيه C, F. 13) عند الملك K. 14) فذهبت K. 15) قال نفقا F. 16) فتضعف K. 17) محمّد بن fehlt F. 18) زيد F.

مِن الابيات وذَكَرَ عمرُو بن بانةَ[1] انّ فى الاربعة الابيات[2] الأُوَل[3] المتـوالية[4] لمالكٍ خفيفُ ثقيلٍ بالوُسطَى وفيها ثقيلٌ اوّلُ[5] نسبه الهِشامىُّ الى الغَرِيضِ وذَكر حَبَشٌ انّ لحَنَ الغريضِ ثانِى ثقيلٍ بالوُسطَى[6] وذَكَرَ حَبَشٌ انّ فى الخامس والسادس خفيف رَمَلٍ بالبِنصرِ لابن سُرَيجٍ[7]

اخبار علقمة ونسبه

هو علقمةُ بن عبدةَ[1] بن النعمان بن ناشرة بن قيس بن عُبيد[2] بن ربيعةَ بن مالكٍ بن زيد مناة بن تميم بن مرٍّ[3] بن أُدّ ابن طابِخة بن الياس بن مُضَر بن نِزار وكان زيد مناة بن تميم وَفَدَ هو وبكر بن وائل وكانا لدة عصرٍ واحد على[4] بعض الملوك وكان زيد مناة حَسودا شرِها طَمِعا وكان بكرُ بن وائلٍ خبيثا منكِرا[5] داهِيا[6] فخافَ زيد مناة انْ يَحظَى من الملك بفائدة ويقلّ[7]

---

[1]) ebd. S. 30; Münch. عمر. [2]) fehlt F. Ueber die Constr. Kosegart. Einl. S. 255. [3]) Cod. الاول. [4]) متوالية E. [5]) nur in A. C, F; [6]) بالبنصر F. [7]) die zwei letzten Worte fehlen in D. E.

[1]) عبَدة E. Hier erst beginnt K. [2]) عبد الله K. [3]) مرّة K. [4]) وايل على وكان لدة واحد على E; F und K kein وفد und dann على (F فوفدوا) فوفدا واحد (K عصرة) لدة فى عصر. [5]) مكرا F. [6]) داهنا E. F. [7]) يقلّ B, C, D, E.

من كتاب الاغانى الكبير

صوت

II, هل ما عَلِمتَ وما استُودِعتَ مكتومُ — ام حَبلُها اذ نأتكَ اليومَ مصرومُ

٢ ام هل كبير بكى لم يَقضِ عبْرَتَه[1] — إثرَ الأحِبّةِ يومَ البينِ مشكومُ

٦ يحملن أُتْرُجّةً نَضْخُ[2] العبير بها — كأنّ تَطيابَها فى الأنف مشمومُ

٧ كأنّ فأرَةَ مِسكٍ فى مفارقِها — للباسِطِ[3] المُتعاطِى وهو مزكومُ

٤٣ كأنّ ابريقَهم ظَبىٌ على شَرَفٍ — مُفَدَّمٌ بِسَبا الكتّانِ ملثومُ

٣٨ قد أشهَدُ الشربَ فيهم مِزْهَرٌ رَنِمٌ[4] — والقوم تصرعُهم صَهباءُ خُرطومُ

الشعر لعلقمة بن عبدة والغِناءُ لابن سُرَيجٍ[5] وله فيه لَحَنانِ احدُهما فى الاوّل والثانى خفيفُ ثقيلٍ اوّلَ بالخِنصرِ فى مجرَى البِنصرِ عن إسحقَ[6] والآخرُ رَمَلٌ بالخِنصرِ فى مجرى البِنْصِرِ فى الخامس والسادسِ

1) غيرته E. 2) نضح C. D. 3) للناشط E. 4) هَزِج B, C, D. 5) ابن سريج Kosegarten Alii Ispahanensis liber cantilenarum I. Anmerk. S. 12. 6) ebds. S. 26.

وقال شَأْسُ بنُ عَبَدَةَ

XIV.

وَجَدْتُ أَمَنَّ النَّاسِ قَيْسَ بنَ عَثْعَثٍ فَإِيَّاهُ فِيما نابَنِي فَلْأَحْمَدِ
نَماهُ زِيادُ المَجْدِ مِنْ آلِ جابِرٍ وَآلِ امْرِئِ القَيْسِ الجَوادُ ابنُ مَزْيَدِ
وَكُنْتُ امْرَأً بَيْنِي وَبَيْنَكَ أُحْنَةٌ تَبَيَّنْتَ فِيها أَنَّنِي غَيْرُ مُهْتَدِ
حَلَفْتُ بِما ضَمَّ الحَجِيجُ إِلَى مِنًى وَما ثَجَّ مِنْ نَحْرِ الهَدِيِّ المُقَلَّدِ
لَئِنْ أَنْتَ عافَيْتَ الذُّنُوبَ الَّتِي تَرَى وَأَبْلَعْتَنِي رِيقِي وَأَنْظَرْتَنِي غَدِ
لَأَسْتَعْتِبَنْ مِمَّا يَسُوؤُكَ بَعْدَها وَإِنْ بَسَّنِي ذُو لُكْنَةٍ بَيْنَ أَعْبُدِ

وَمِمّا يُرْوَى لخالدِ بنِ علقمةَ

XII. ١ وَمَوْلًى كَمَوْلَى الـزِّبْرِقـانِ دَمَلْتُه كَما دُمِلَتْ ساقٌ تُهاضُ بِها وَقْرُ
إذا ما أحالتْ والجبائـرُ فوقَها أَنَى الحَوْلُ لا بُرْءٌ جَبِيرٌ ولا كَسْرُ
تَراهُ كَأَنَّ اللّهَ يَجْدَعُ أَنفَهُ وعَيْنَيْهِ إنْ مَوْلاهُ ثابَ لَهُ وَفْرُ
تَرَى الشَّرَّ قَدْ أَفنَى دَوائِرَ وَجْهِهِ كَضَبِّ الكُدَى أَفنَى أَنامِلَهُ الحَفْرُ

وقالَ عبدُ الرَّحْمٰنِ بنُ عَلِيِّ بنِ عَلْقَمَةَ

XIII. ١ وشامِتٍ بِىَ لا تَخْفَى عَـداوَتُه اذا حِمامِىَ ساقَتْهُ المَقاديـرُ
اذا تَضَمَّنَنِى بَيْتٌ بِـرابِيةٍ آبُوا سِراعا وَأَمْسَى وَهْوَ مَهْجور
فَلا يَغُرَّنْكَ جَرْىُ الثَّوْبِ مُعْتَجِرًا إِنّى أمْرُؤٌ فِىَّ عِنْدَ الجِدِّ تَشْمِيـرُ
كَأَنَّنِى لَمْ أَقُلْ يَوْما لِعادِيَةٍ شُدُّوا ولا فِتْيَةٍ فى مَوْكِبٍ سِيرُوا
٥ سارُوا جَمِيعًا وَقَدْ طالَ الوَجِيفُ بِهِمْ حَتَّى بَدا واضِحُ الأَقْرابِ مَشْهُور
وَلَم أُصَبِّحْ جِمامَ الماءِ طاوِيَةً بالقَوْمِ وِرْدُهُمُ لِلخِمْسِ تَبْكِيـرُ
أَوْرَدْتُها وصُدُورُ العِيسِ مُسْنَفَةٌ والصُّبْحُ بالكَوْكَبِ الدُّرِّىِّ مَنْحُور
(تَباشَرُوا بَعْدَ ما طالَ الوَجِيفُ بِهِم بالصُّبْحِ لَمّا بَدَتْ مِنْهُ تَباشِيرُ)
بَدَتْ سَوابِقُ مِنْ أُولاهُ تَعْرِفُها وكِبْرُهُ فى سَوادِ اللَّيْلِ مَسْتُور

وقال علقمةُ فى غَزْوِهِم طَيِّأً

X.

وَنحْنُ جلَبْنَا مِن ضَرِيَّةَ خَيْلَنا ‌ ‌ ‌ نُكَلِّفُها حَدَّ الإِكَامِ قَطَائِطَا
سِراعًا يَزِلّ الماءُ عن حَجَباتِها ‌ ‌ ‌ نُكَلِّفُها غَوْلًا بَطِينًا وغائِطَا
يُحَثُّ يَبِيسُ الماءِ عن حَجَباتِها ‌ ‌ ‌ ويَشْكُونَ آثارَ السِّياطِ خَوابِطَا
فأَدْرَكَهُمْ دُونَ الهُيَيْماءِ مُقْصِرًا ‌ ‌ ‌ وقد كانَ شأْوًا بالِغَ الجَهْدِ باسِطَا
أَصَبْنا الطَّرِيفَ والطَّرِيفَ بنَ مالِكٍ ‌ ‌ ‌ وكانَ شِفاءً لو أَصَبْنا المَلاقِطَا
إِذا عَرَفوا ما قَدَّموا لِنُفوسِهِمْ ‌ ‌ ‌ مِنَ الشَّرِّ أَنَّ الشَّرَّ مُرْدٍ أَراهِطَا
فَلمْ أَرَ يَوْمًا كانَ أَكْثَرَ باكِيًا ‌ ‌ ‌ وأَكْثَرَ مَغْبوطا يُجَلُّ وغابِطَا

وقال ايضا

XI.

وَيْلُمِّ لَذّاتِ الشَّبابِ مَعِيشَةً ‌ ‌ ‌ مَعَ الكُثْرِ يُعْطاهُ الفَتَى المُتْلِفُ النَّدِ
وَقَدْ يَعْقِلُ القُلُّ الفَتَى دونَ هَمِّهِ ‌ ‌ ‌ وقد كانَ لَوْلا القُلُّ طَلّاعَ أَنْجُدِ
وقد أَقْطَعُ الخَرْقَ المَخُوفَ به الرَّدا ‌ ‌ ‌ بِعَنْسٍ كَجَفْنِ الفارِسِيِّ المُسَرَّدِ
كَأَنَّ ذِراعَيْها على الخَلِّ بَعْدَما ‌ ‌ ‌ وَنَيْنَ ذِراعا ماتِحٍ مُتَجَرِّدِ

وقال علقمة ايضا

VIII. ١ وَأَخِي مُحَافَظِةٍ طَلِيقٍ وَجْهُهُ هَشٍّ جَرَرْتُ له الشِّوَاءَ بِمِسْعَرِ
مِن بازِلٍ ضُرِبَتْ بِأَبْيَض باتِرٍ بِيَدَىْ أَعَزَّ يَجُرُّ فَضْلَ المِئْزَرِ
وَرَفَعتُ راحِلةً كأَنَّ ضُلُوعَها مِنْ نَصِّ راكِبِها سَقائفُ عَرْعَرِ
حَرَجًا إِذا هاجَ السَرابُ على الصُّوَى وٱسْتَنَّ فى أُفُقِ السَّماءِ الأَغبَرِ

وقال علقمة فى خَلَفِ بن نَهْشَلِ بنِ يَرْبوع

IX. ١ أَمْسَى بَنُو نَهْشَلٍ بُنانُ دونَهُمُ المُطْعِمونَ ابنَ جارِهِمْ إِذا جاعَا
كَأَنَّ زَيْدَ مَناةَ بَعْدَهُمْ غَنَمٌ صاحَ الرِّعاءُ بِها أَنْ تَهْبِطَ القاعا
أَبْلِغْ بَنِي نَهْشَلٍ عَنّى مُغَلْغَلَةً أَنّ الحِمَى بعْدَهُمْ والثَّغْرَ قد ضاعا

وقال علقمةُ او علىُّ بن علقمة يومَ الكُلابِ الثانى

VI. ١ وَدَّ نُفَيْرٌ لِلْمَكَارِزِ أَنَّهُمْ   بِنَجْرَانَ فى شاءِ الحِجَازِ المُوَقَّرِ
أَسَعْيًا إِلى نَجْرَانَ فى شَهْرِ ناجرٍ   حُفَاةً وأَعيَى كُلُّ أَعْيَسَ مِسْفَرِ
وَقَرَّتْ لَهُمْ عَيْنِى بِيَومٍ خَذَنَّةٍ   كأَنَّهُمُ تَذْبِيحُ شاءٍ مُعَتَّرِ
عَمَدْتُمْ إِلَى شِلْوٍ تُنُودِرَ قَبْلَكُمْ   كَثِيرِ عِظَامِ الرَّأْسِ ضَخْمِ المُذَمَّرِ

وقال علقمة ايضا فى يومِ الكُلابِ الثانى

VII. ١ مَن رَجُلٌ أُحْلُوهُ رَحْلِى وناقتى   يُبَلِّغُ عنّى الشِّعْرَ إِذ ماتَ قائلُهْ
نَذيرًا وما يُغْنِى النَّذِيرُ بِشَبْوَةٍ   لِمَنْ شاءَهُ حَوْلَ البَدِيِّ وجامِلُهْ
فَقُلْ لِتَمِيمٍ تَجْعَلِ الرَّمْلَ دُونَها   وَغَيْرُ تَمِيمٍ فى الهَزَاهِزِ جاهِلُهْ
فإِنَّ أَبا قابُوسَ بَيْنِى وبَيْنَها   بِأَرْعَنَ يَنْفِى الطَّيْرَ حُمْرٍ مَناقِلُهْ
إِذا ارْتَحَلُوا أَصَمَّ كُلُّ مُوَيِّهٍ   وكُلُّ مُهِيبٍ نَقْرُهُ وصَوَاهِلُهْ
فَلا أَعْرِفَنْ سَبْيًا تَمُدُّ ثُدِيَّهُ   إِلَى مُعْرِضٍ عَن صِهْرِهِ لا يُواصِلُهْ

قال عَلْقَمةُ في فَكِّهِ أخاهُ شَأْسًا

IV. ١ دافَعْتُ عَنْهُ بِشِعْرِى   إذْ كانَ في الفِداءِ جَحَدْ
    فَكانَ فيهِ ما أَتاكَ وفي   تِسْعينَ أَسْرَى مُقَرَّنينَ صَفَدْ
    دافَعَ قَوْمي فى الكَتيبةِ إذْ   طارَ لِأطْرافِ الظُّباتِ وَقَدْ
    فَأَصْبَحوا عِنْدَ ابْنِ جَفْنةَ فى   الأغْلالِ مِنْهُمْ والحَديدِ عَقَدْ
٥   إذْ مُخَنَّبٌ فى المُخَنَّبَيْنِ وفي   النَّهْكةِ غَيٌّ بادٍ وَرَشَدْ

وقال أيضًا

V. ١ تَراءَتْ وأسْتارٌ مِنَ البَيْتِ دُونَها   إلَيْنا وحانَتْ غَفْلَةُ المُتَفَقِّدِ
    بِعَيْنَيْ مَهاةٍ يَحْدُرُ الدَّمْعُ مِنْهُما   بِريمَيْنِ شَتَّى مِن دُموعٍ وإثْمِدِ
    وجِيدِ غَزالٍ شادِنٍ فَرَّدَتْ لَهُ   مِنَ الحَلْيِ سِمْطَىْ لُؤْلُؤٍ وزَبَرْجَدِ

إِذَا مَا اقْتَنَصْنَا لَمْ نُخَاتِلْ بِجُنَّةٍ — وَلَاكِنْ نُنَادِى مِنْ بَعِيدٍ أَلَا ارْكَبِ
أَخَا ثِقَةٍ لَا يَلْعَنُ الحَىُّ شَخْصَهُ — صَبُورًا عَلى العِلَّاتِ غَيْرَ مُسَبَّبِ
إِذَا أَنْفَدُوا زَادًا فَإِنَّ عِنَانَهُ — وَأَكْرُعَهُ مُسْتَعْمَلًا خَيْرُ مَكْسَبِ
رَأَيْنَا شِيَاهًا يَرْتَعِينَ خَمِيلَةً — كَمَشْيِ العَذَارَى فى المُلَاءِ المُهَدَّبِ
فَبَيْنَا تَمَارِينَا وَعَقْدُ عِذَارِهِ — خَرَجْنَ عَلَيْنَا كَالجُمَانِ المُثَقَّبِ
فَأَتْبَعَ أَدْبَارَ الشِّيَاهِ بِصَادِقٍ — حَثِيثٍ كَغَيْثِ الرَّائِحِ المُتَحَلِّبِ
تَرَى الفَارَ عَنْ مُسْتَرْغَبِ القَدْرِ لَائِحًا — عَلَى جَدَدِ الصَّحْرَاءِ مِنْ شَدٍّ مُلْهِبِ
خَفَا الفَارَ مِنْ أَنْفَاقِهِ فَكَأَنَّمَا — تُجَلِّلُهُ شُؤْبُوبُ غَيْثٍ مُنَقِّبِ
فَظَلَّ لِثِيرَانِ الصَّرِيمِ غَمَاغِمُ — يُدَاعِسُهُنَّ بِالنَّضِىِّ المُعَلَّبِ
فَهَاوٍ عَلَى حُرِّ الجَبِينِ وَمُتَّقٍ — بِمِدْرَاتِهِ كَأَنَّهَا ذَلْقُ مِشْعَبِ
وَعَادَى عِدَاءً بَيْنَ ثَوْرٍ وَنَعْجَةٍ — وَتَيْسٍ شَبُوبٍ كَالهَشِيمَةِ قَرْهَبِ
فَقُلْنَا أَلَا قَدْ كَانَ صَيْدٌ لِقَانِصٍ — فَخَبُّوا عَلَيْنَا فَضْلَ بُرْدٍ مُطَنَّبِ
فَظَلَّ الأَكُفُّ يَخْتَلِفْنَ بِحَانِذٍ — إِلَى جُؤْجُؤٍ مِثْلِ المَدَاكِ المُخَضَّبِ
كَأَنَّ عُيُونَ الوَحْشِ حَوْلَ خِبَائِنَا — وَأَرْحُلِنَا الجَزْعُ الذى لم يُثَقَّبِ
وَرُحْنَا كَأَنَّا مِنْ جُوَاثَى عَشِيَّةً — نُعَالِى النِّعَاجَ بَيْنَ عِدْلٍ وَمُحْقَبِ
وَرَاحَ كَشَاةِ الرَّبْلِ يَنْفُضُ رَأْسَهُ — أَذَاةً بِهِ مِنْ صَائِكٍ مُتَحَلِّبِ
وَرَاحَ يُبَارِى فى الجِنَابِ قَلُوصَنَا — عَزِيزًا عَلَيْنَا كَالحُبَابِ المُسَيَّبِ

فَمَاءَت كَمَا فَاءَت مِنَ الأُدْمِ مُغْزِلٌ   بِبِيشَةَ تَرْعَى فِى أَرَاكٍ وَحُلَّبِ
فَعِشْنَا بِهَا مِن الشَّبَابِ مُلَاوَةً   فَأَنْجَحَ آيَاتُ الرَّسُولِ المُخَبِّبِ
فَإِنَّكَ لَمْ تَقْطَعْ لُبَانَةَ عَاشِقٍ   بِمِثْلِ بُكُورٍ أَوْ رَوَاحٍ مُؤَوِّبِ
بِمُجْفَرَةِ الجَنْبَيْنِ حَرْفٍ شِمِلَّةٍ   كَهَمِّكَ مِرْقَالٍ عَلَى الأَيْنِ ذِعْلِبِ
اذا ما ضَرَبْتُ الدُّفَّ أو صُلْتُ صَوْلَةً   تَرَقَّبُ مِنِّى غَيْرَ أَدْنَى تَرَقُّبِ
بِعَيْنٍ كَمِرْآةِ الصَّنَاعِ تُدِيرُهَا   بِمَحْجِرِهَا مِنَ النَّصِيفِ المُنَقَّبِ
كَأَنَّ بِجَاذَيْهَا إِذَا مَا تَشَذَّرَتْ   عَثَاكِيلُ قِنْوٍ مِنْ سُمَيْحَةَ مُرْطِبِ
تَذُبُّ بِهِ طَوْرًا وَطَوْرًا تُمِرُّهُ   كَذَبِّ البَشِيرِ بِالرِّدَاءِ المُهَدَّبِ
وَقَدْ أَغْتَدِى وَالطَّيْرُ فِى وَكَرَاتِهَا   وَمَاءُ النَّدَى يَجْرِى عَلَى كُلِّ مِذْنَبِ
بِمُنْجَرِدٍ قَيْدِ الأَوَابِدِ لَاحَهُ   طِرَادُ الهَوَادِى كُلَّ شَأْوٍ مُغَرِّبِ
بِغَوْجٍ لَبَانُهُ يُتَمُّ بَرِيمُهُ   عَلَى نَفْثِ رَاقٍ خَشْيَةَ العَيْنِ مُجْلِبِ
كُمَيْتٍ كَلَوْنِ الأُرْجُوَانِ نَشَرْتَهُ   لِبَيْعِ الرِّدَاءِ فِى الصِّوَانِ المُكَعَّبِ
مُمَرٍّ كَعَقْدِ الأَنْدَرِىِّ يَزِينُهُ   مَعَ العِتْقِ خَلْقٌ مُفْعَمٌ غَيْرُ جَأْنَبِ
لَهُ حُرَّتَانِ تَعْرِفُ العِتْقَ فِيهِمَا   كَسَامِعَتَىْ مَذْعُورَةٍ وَسْطَ رَبْرَبِ
وَجَوْفٌ هَوَاءٌ تَحْتَ مَتْنٍ كَأَنَّهُ   مِنَ الهَضْبَةِ الخَلْقَاءِ زُحْلُوفُ مَلْعَبِ
قَطَاةٌ كَكُرْدُوسِ المَحَالَةِ أَشْرَفَتْ   إِلَى كَاهِلٍ مِثْلِ الغَبِيطِ المُذَأَّبِ
وَغُلْبٌ كَأَعْنَاقِ الضِّبَاعِ مَضِيغُهَا   سِلَامُ الشَّظَا يَغْشَى بِهَا كُلَّ مَرْقَبِ
وَسُمْرٌ يُفَلِّقْنَ الظِّرَابَ كَأَنَّهَا   حِجَارَةُ غَيْلٍ وَارِسَاتٌ بِطُحْلُبِ

يَهْدِى بِها أَكْلَفُ الخَدَّيْنِ مُخْتَبَرٌ   مِنَ الجِمالِ كَثِيرُ اللَّحْمِ عَيْثُومُ
إِذا تَزَغَّمَ مِن حافاتِها رُبَعٌ   حَنَّتْ شَغامِيمُ من حافاتِها كُومُ
وَقَدْ أُصاحِبُ فِتْيانًا طَعامُهُمُ   خُضْرُ المَزادِ وَلَحْمٌ فيه تَنْشِيمُ
وقَدْ يَسَرْتُ إِذا ما الجُوعُ كَلَّفَهُ   مُعَقَّبٌ مِن قِداحِ النَّبْعِ مَقْرُومُ
لَوْ يَيْسِرُونَ بِأَفْراسٍ يَسَرْتُ بِها   وكُلَّما يَسَرَ الأَقْوامُ مَغْرُومُ

وقال ايضا

III. ذَهَبْتَ من الهِجْرانِ فى كُلِّ مَذْهَبِ   وَلَمْ يَكُ حَقًّا كُلُّ هذا التَّجَنُّبِ
لَيالِىَ لا تَبْلَى نَصِيحَةُ بَيْنِنا   لَيالِىَ حَلُّوا بالسِّتارِ فَغُرَّبِ
مُبَتَّلَةٌ كَأَنَّ أَنْضاءَ حَلْيِها   عَلَى شادِنٍ من صاحَةٍ مُتَرَبِّبِ
مَحالٌ كَأَجْوازِ الجَرادِ ولُؤْلُؤٌ   مِنَ القَلَقِيِّ والكَبِيسِ المُلَوَّبِ
إِذا أَلْحَمَ الواشُونَ لِلشَّرِّ بَيْنَنا   تَبَلَّغَ رَاسِى الحُبِّ غَيْرِ المُكَذَّبِ
وما أَنْتَ أَمْ ما ذِكْرُها رَبَعِيَّةً   تَحُلُّ بِإِيرٍ أَوْ بِأَكْنافِ شُرْبُبِ
أَطَعْتَ الوُشاةَ والمُشاةَ بِصَرْمِها   فَقَدْ أَنْهَجَتْ حِبالُها لِلتَّقَضُّبِ
وَقَدْ وَعَدَتْكَ مَوْعِدًا لَوْ وَفَتْ بِهِ   كَمَوْعُودِ عُرْقُوبٍ أَخاهُ بِيَثْرِبِ
وقالَتْ مَتَى يُبْخَلْ عَلَيْكَ وَيُعْتَلَلْ   تَشَكَّ وإِنْ يُكْشَفْ غَرامُكَ تَدْرَبِ
فَقُلْتُ لَها فِيئِى فَما تَسْتَفِزُّنِى   ذَواتُ العُيُونِ والبَنانِ المُخَضَّبِ

وَالجَهْلُ ذُو عَرَضٍ لا يُسْتَرادُ لَهُ   وَالحِلْمُ آوِنَةً فى النّاسِ مَعْدُومُ
وَمُطْعَمُ الغُنْمِ يَوْمَ الغُنْمِ مُطْعَمُهُ   أَنَّى تَوَجَّهَ وَالمَحْرُومُ مَحْرُومُ
وَمَن تَعَرَّضَ لِلْغِرْبانِ يَزْجُرُها   عَلَى سَلَامَتِهِ لَا بُدَّ مَشْؤُومُ
وَكُلُّ حِصْنٍ وَإِنْ طَالَتْ إِقَامَتُهُ   عَلَى دَعَائِمِهِ لَا بُدَّ مَهْدُومُ
قَدْ أَشْهَدُ الشَّرْبَ فِيهِمْ مِزْهَرٌ رَنِمٌ   وَالقَوْمُ تَصْرَعُهُمْ صَهْبَاءُ خُرْطُومُ
كَأْسُ عَزِيزٍ مِنَ الاعْنَابِ عَتَّقَهُ   لِبَعْضِ أَرْبَابِهَا حَانِيَّةٌ حُومُ
تَشْفِي الصُّدَاعَ وَلَا يُؤْذِيكَ صَالِبُهَا   وَلَا يُخَالِطُهَا فى الرَّأْسِ تَدْوِيمُ
عَانِيَّةٌ قَرْقَفٌ لَمْ تُطَّلَعْ سَنَةً   يُجِنُّهَا مُدْمَجٌ بِالطِّينِ مَخْتُومُ
ظَلَّتْ تَرَقْرَقُ فى النَّاجُودِ يَصْفِقُهَا   وَلِيدُ أَعْجَمَ بِالكَتَّانِ مَفْدُومُ
كَأَنَّ إِبْرِيقَهُمْ ظَبْيٌ عَلَى شَرَفٍ   مُفَدَّمٌ بِسَبَا الكَتَّانِ مَلْثُومُ
أَبْيَضُ أَبْرَزَهُ لِلضِّحِّ رَاقِبُهُ   مُقَلَّدٌ قُضُبَ الرَّيْحَانِ مَفْغُومُ
وَقَدْ غَدَوْتُ عَلَى قِرْنِي يُشَيِّعُنِي   مَاضٍ أَخُو ثِقَةٍ بِالخَيْرِ مَوْسُومُ
وَقَدْ عَلَوْتُ قُتُودَ الرَّحْلِ يَسْفَعُنِي   يَوْمٌ تَجِيءُ بِهِ الجَوْزَاءُ مَسْمُومُ
حَامٍ كَأَنَّ أُوَارَ النَّارِ شَامِلُهُ   دُونَ الثِّيَابِ وَرَأْسُ المَرْءِ مَعْمُومُ
وَقَدْ أَقُودُ أَمَامَ الحَيِّ سَلْهَبَةً   يَهْدِي بِهَا نَسَبٌ فى الحَيِّ مَعْلُومُ
لَا فى شَظَاهَا وَلَا أَرْسَاغِهَا عَنَتٌ   وَلَا السَّنَابِكُ أَفْنَاهُنَّ تَقْلِيمُ
سُلَّاءَةٌ كَعَصَى النَّهْدِيِّ غُلَّ لَهَا   ذُو فَيْئَةٍ مِنْ نَوَى قُرَّانَ مَعْجُومُ
تَتْبَعُ جُونًا إِذَا مَا هُيِّجَتْ زَجِلَتْ   كَأَنَّ دُفًّا عَلَى عَلْيَاءَ مَهْزُومُ

(بِمِثْلِهَا تَقْطَعُ المَوْمَاةَ عَنْ عُرُضٍ … إِذَا تَبَغَّمَ فِى ظَلْمَائِهِ البُومُ)
تُلَاحِظُ السَّوْطَ شَزْرًا وَهْىَ ضَامِزَةٌ … كَمَا تَوَجَّسَ طَاوِى الكَشْحِ مَوْشُومُ
كَأَنَّهَا خَاضِبٌ زُعْرٌ قَوَائِمُهُ … أَجْنَى لَهُ بِاللِّوَى شَرْىٌ وَتَنُّومُ
يَظَلُّ فِى الحَنْظَلِ الخُطْبَانِ يَنْقُفُهُ … وَمَا اسْتَطَفَّ مِنَ التَّنُّومِ مَحْذُومُ
فُوهُ كَشَقِّ العَصَا لَأْيًا تَبَيَّنُهُ … أَسَكُّ مَا يَسْمَعُ الأَصْوَاتَ مَصْلُومُ
حَتَّى تَذَكَّرَ بَيْضَاتٍ وَهَيَّجَهُ … يَوْمُ رَذَاذٍ عَلَيْهِ الرِّيحُ مَغْيُومُ
فَلَا تَزَيُّدُهُ فِى مَشْيِهِ نَفِقٌ … وَلَا الزَّفِيفُ دُوَيْنَ العَدْوِ مَسْؤُومُ
يَكَادُ مَنْسِمُهُ يَخْتَلُّ مُقْلَتَهُ … كَأَنَّهُ حَاذِرٌ لِلنَّخْسِ مَشْهُومُ
يَأْوِى إِلَى خُرَّقٍ زُعْرٍ قَوَادِمُهَا … كَأَنَّهُنَّ إِذَا بَرَّكْنَ جُرْثُومُ
وَضَاعَةٌ كَعِصِىِّ الشِّرْعِ جُؤْجُؤُهُ … كَأَنَّهُ بِتَنَاهِى الرَّوْضِ عُلْجُومُ
حَتَّى تَلَاقَى وَقَرْنُ الشَّمْسِ مُرْتَفِعٌ … أُدْحِىَّ عِرْسَيْنِ فِيهِ البَيْضُ مَرْكُومُ
يُوحِى إِلَيْهَا بِإِنْقَاضٍ وَنَقْنَقَةٍ … كَمَا تَرَاطَنُ فِى أَفْدَانِهَا الرُّومُ
صَعْلٌ كَأَنَّ جَنَاحَيْهِ وَجُؤْجُؤَهُ … بَيْتٌ أَطَافَتْ بِهِ خَرْقَاءُ مَهْجُومُ
تَحُفُّهُ هِقْلَةٌ سَطْعَاءُ خَاضِعَةٌ … تُجِيبُهُ بِزِمَارٍ فِيهِ تَرْنِيمُ
بَلْ كُلُّ قَوْمٍ وَإِنْ عَزُّوا وَإِنْ كَثُرُوا … عَرِيفُهُمْ بِأَثَافِى الشَّرِّ مَرْجُومُ
وَالجُودُ نَافِيَةٌ لِلْمَالِ مُهْلِكَةٌ … وَالبُخْلُ مُبْقٍ لِأَهْلِيهِ وَمَذْمُومُ
وَالمَالُ صُوفُ قَرَارٍ يَلْعَبُونَ بِهِ … عَلَى نِقَادَتِهِ وَافٍ وَمَجْلُومُ
وَالحَمْدُ لَا يُشْتَرَى إِلَّا لَهُ ثَمَنٌ … مِمَّا تَضِنُّ بِهِ النُّفُوسُ مَعْلُومُ

قال علقمة ايضا

II.

هَلْ مَا عَلِمْتَ وَمَا ٱسْتُودِعْتَ مَكْتُومُ … أَمْ حَبْلُهَا إِذْ نَأَتْكَ ٱلْيَوْمَ مَصْرُومُ
أَمْ هَلْ كَبِيرٌ بَكَى لَمْ يَقْضِ عَبْرَتَهُ … إِثْرَ ٱلْأَحِبَّةِ يَوْمَ ٱلْبَيْنِ مَشْكُومُ
لَمْ أَدْرِ بِٱلْبَيْنِ حَتَّى أَزْمَعُوا ظَعَنًا … كُلُّ ٱلْجِمَالِ قُبَيْلَ ٱلصُّبْحِ مَزْمُومُ
رَدَّ ٱلْإِمَاءُ جِمَالَ ٱلْحَيِّ فَٱحْتَمَلُوا … فَكُلُّهَا بِٱلتَّزِيدِيَّاتِ مَعْكُومُ
عَقْلًا وَرَقْمًا يَظَلُّ ٱلطَّيْرُ تَتْبَعُهُ … كَأَنَّهُ مِنْ دَمِ ٱلْأَجْوَافِ مَدْمُومُ
يَحْمِلْنَ أُتْرُجَّةً نَضْخُ ٱلْعَبِيرِ بِهَا … كَأَنَّ تَطْيَابَهَا فِي ٱلْأَنْفِ مَشْمُومُ
كَأَنَّ فَأْرَةَ مِسْكٍ فِي مَفَارِقِهَا … لِلْبَاسِطِ ٱلْمُتَعَاطِي وَهْوَ مَزْكُومُ
فَٱلْعَيْنُ مِنِّي كَأَنْ غَرْبٌ تَحُطُّ بِهِ … دَهْمَاءُ حَارِكُهَا بِٱلْقِتْبِ مَحْزُومُ
قَدْ عُرِّيَتْ حِقْبَةً حَتَّى ٱسْتَطَفَّ لَهَا … كِتْرٌ كَحَافَةِ كِيرِ ٱلْقَيْنِ مَلْمُومُ
كَأَنَّ غِسْلَةَ خَطْمِيٍّ بِمِشْفَرِهَا … فِي ٱلْخَدِّ مِنْهَا وَفِي ٱللَّحْيَيْنِ تَلْغِيمُ
قَدْ أَدْبَرَ ٱلْعُرُّ عَنْهَا وَهْيَ شَامِلُهَا … مِنْ نَاصِعِ ٱلْقَطِرَانِ ٱلصِّرْفِ تَدْسِيمُ
تَسْقِي مَذَانِبَ قَدْ زَالَتْ عَصِيفَتُهَا … حَدُورُهَا مِنْ أَتِيِّ ٱلْمَاءِ مَطْمُومُ
مِنْ ذِكْرِ سَلْمَى وَمَا ذِكْرِي ٱلْأَوَانَ لَهَا … إِلَّا ٱلسَّفَاهُ وَظَنُّ ٱلْغَيْبِ تَرْجِيمُ
صِفْرُ ٱلْوِشَاحَيْنِ مِلْءُ ٱلدِّرْعِ خَرْعَبَةٌ … كَأَنَّهَا رَشَأٌ فِي ٱلْبَيْتِ مَلْزُومُ
هَلْ تُلْحِقَنِّي بِأُولَى ٱلْقَوْمِ إِذْ شَحَطُوا … جُلْذِيَّةٌ كَأَتَانِ ٱلضَّحْلِ عُلْكُومُ

تَجُودُ بِنَفْسٍ لَا يُجَادُ بِمِثْلِهَا   وَأَنْتَ بِهَا يَوْمَ ٱللِّقَاءِ خَصِيبُ تَطِيبُ
كَأَنَّ رِجَالَ ٱلْأَوْسِ تَحْتَ لَبَانِهِ   وَمَا جَمَّعَتْ جُلٌّ مَعًا وَعَتِيبُ
رَغَا فَوْقَهُمْ سَقْبُ ٱلسَّمَاءِ فَدَاحِضٌ   بِشِكَّتِهِ لَمْ يُسْتَلَبْ وَسَلِيبُ
كَأَنَّهُمُ صَابَتْ عَلَيْهِمْ سَحَابَةٌ   صَوَاعِقُهَا لِطَيْرِهِنَّ دَبِيبُ
فَلَمْ تَنْجُ إِلَّا شَطْبَةٌ بِلِجَامِهَا   وَإِلَّا طِمِرٌّ كَٱلْقَنَاةِ نَجِيبُ
وَإِلَّا كَمِيٌّ ذُو حِفَاظٍ كَأَنَّهُ   بِمَا ٱبْتَلَّ مِنْ حَدِّ ٱلظُّبَاتِ خَضِيبُ
وَأَنْتَ ٱلَّذِي آثَارُهُ فِي عَدُوِّهِ   مِنَ ٱلْبُؤْسِ وَٱلنُّعْمَى لَهُنَّ نُدُوبُ
وَفِي كُلِّ حَيٍّ قَدْ خَبَطْتَ بِنِعْمَةٍ   فَحُقَّ لِشَأْسٍ مِنْ نَدَاكَ ذَنُوبُ
وَمَا مِثْلُهُ فِي ٱلنَّاسِ إِلَّا قَبِيلُهُ   مُسَاوٍ وَلَا دَانٍ لِذَاكَ قَرِيبُ
فَلَا تَحْرِمَنِّي نَائِلًا عَنْ جَنَابَةٍ   فَإِنِّي ٱمْرُؤٌ وَسْطَ ٱلْقِبَابِ غَرِيبُ

وَتُصْبِحُ عَنْ غِبِّ ٱلسُّرَى وَكَأَنَّهَا   مُوَلَّعَةٌ تَخْشَى القَنِيصَ شَبُوبُ
تَعَفَّقَ بِٱلْأَرْطَى لَهَا وَأَرَادَهَا   رِجَالٌ فَبَذَّتْ نَبْلَهُمْ وَكَلِيبُ
إِلَى ٱلحَارِثِ ٱلوَهَّابِ أَعْمَلْتُ نَاقَتِي   لِكَلْكَلِهَا وَٱلقُصْرَيَيْنِ وَجِيبُ
لِتُبْلِغَنِي دَارَ ٱمْرِئٍ كَانَ نَائِيًا   فَقَدْ قَرَّبَتْنِي مِنْ نَدَاكَ قَرُوبُ
إِلَيْكَ أَبَيْتَ ٱللَّعْنَ كَانَ وَجِيفُهَا   بِمُشْتَبِهَاتٍ هَوْلُهُنَّ مَهِيبُ
تَتَبَّعُ أَفْيَاءَ ٱلظِّلَالِ عَشِيَّةً   عَلَى طُرُقٍ كَأَنَّهُنَّ سُبُوبُ
هَدَانِي إِلَيْكَ الفَرْقَدَانِ وَلَاحِبٌ   لَهُ فَوْقَ أَصْوَاءِ ٱلمِتَانِ عُلُوبُ
بِهَا جِيَفُ ٱلحَسْرَى فَأَمَّا عِظَامُهَا   فَبِيضٌ وَأَمَّا جِلْدُهَا فَصَلِيبُ
فَأَوْرَدْتُهَا مَاءً كَأَنَّ جِمَامَهُ   مِنَ ٱلْأَجْنِ حِنَّاءٌ مَعًا وَصَبِيبُ
تُرَادَى عَلَى دِمْنِ الحِيَاضِ فَإِنْ تَعَفْ   فَإِنَّ المُنَدَّى رِحْلَةٌ فَرُكُوبُ
وَأَنْتَ ٱمْرُؤٌ أَفْضَتْ إِلَيْكَ أَمَانَتِي   وَقَبْلَكَ رَبَّتْنِي فَضِعْتُ رُبُوبُ
فَأَدَّتْ بَنُو كَعْبِ بْنِ عَوْفٍ رَبِيبَهَا   وَغُودِرَ فِي بَعْضِ الجُنُودِ رَبِيبُ
فَوَٱللَّهِ لَوْلَا فَارِسُ الجَوْنِ مِنْهُمُ   لَآبُوا خَزَايَا وَٱلْإِيَابُ حَبِيبُ
تُقَدِّمُهُ حَتَّى تَغِيبَ حُجُولُهُ   وَأَنْتَ لِبِيضِ الدَّارِعِينَ ضَرُوبُ
مُظَاهِرُ سِرْبَالَيْ حَدِيدٍ عَلَيْهِمَا   عَقِيلَا سُيُوفٍ مِخْذَمٌ وَرَسُوبُ
فَجَالَدْتَهُمْ حَتَّى ٱتَّقَوْكَ بِكَبْشِهِمْ   وَقَدْ حَانَ مِنْ شَمْسِ النَّهَارِ غُرُوبُ
وَقَاتَلَ مِنْ غَسَّانَ أَهْلُ حِفَاظِهَا   وَهِنْبٌ وَقَاسٌ جَالَدَتْ وَشَبِيبُ
تَخَشْخَشُ أَبْدَانُ الحَدِيدِ عَلَيْهِمُ   كَمَا خَشْخَشَتْ يُبْسَ الحِصَادِ جَنُوبُ

قَالَ عَلْقَمَةُ

I.

طَحَا بِكَ قَلْبٌ فِي ٱلْحِسَانِ طَرُوبُ ‎ ‎ بُعَيْدَ ٱلشَّبَابِ عَصْرَ حَانَ مَشِيبُ

يُكَلِّفُنِي لَيْلَى وَقَدْ شَطَّ وَلْيُهَا ‎ ‎ وَعَادَتْ عَوَادٍ بَيْنَنَا وَخُطُوبُ

مُنَعَّمَةٌ مَا يُسْتَطَاعُ حَدِيثُهَا ‎ ‎ عَلَى بَابِهَا مِنْ أَنْ تُزَارَ رَقِيبُ

إِذَا غَابَ عَنْهَا ٱلْبَعْلُ لَمْ تُفْشِ سِرَّهُ ‎ ‎ وَتُرْضِي إِيَابَ ٱلْبَعْلِ حِينَ يَؤُوبُ

فَلَا تَعْدِلِي بَيْنِي وَبَيْنَ مُغَمَّرٍ ‎ ‎ سَقَتْكِ رَوَايَا ٱلْمُزْنِ حَيْثُ تَصُوبُ

سَقَاكِ يَمَانٍ ذُو حَبِيٍّ وَعَارِضٌ ‎ ‎ تَرُوحُ بِهِ جُنْحَ ٱلْعَشِيِّ جَنُوبُ

وَمَا أَنْتَ أَمْ مَا ذِكْرُهَا رَبَعِيَّةً ‎ ‎ يُخَطُّ لَهَا مِنْ ثَرْمَدَاءَ قَلِيبُ

فَإِنْ تَسْأَلُونِي بِٱلنِّسَاءِ فَإِنَّنِي ‎ ‎ بَصِيرٌ بِأَدْوَاءِ ٱلنِّسَاءِ طَبِيبُ

إِذَا شَابَ رَأْسُ ٱلْمَرْءِ أَوْ قَلَّ مَالُهُ ‎ ‎ فَلَيْسَ لَهُ فِي وُدِّهِنَّ نَصِيبُ

يُرِدْنَ ثَرَاءَ ٱلْمَالِ حَيْثُ عَلِمْنَهُ ‎ ‎ وَشَرْخُ ٱلشَّبَابِ عِنْدَهُنَّ عَجِيبُ

فَدَعْهَا وَسَلِّ ٱلْهَمَّ عَنْكَ بِجَسْرَةٍ ‎ ‎ كَهَمِّكَ فِيهَا بِٱلرِّدَافِ خَبِيبُ

وَنَاجِيَةٍ أَفْنَى رَكِيبَ ضُلُوعِهَا ‎ ‎ وَحَارِكِهَا تَهَجُّرٌ فَدُؤُوبُ

1*